价值运营

律师、律所如何做品牌传播推广

付中 著

华中科技大学出版社
http://press.hust.edu.cn
中国·武汉

图书在版编目（CIP）数据

价值运营：律师、律所如何做品牌传播推广/付中著．—武汉：华中科技大学出版社，2023.9
 ISBN 978-7-5680-9983-7

Ⅰ.①价… Ⅱ.①付… Ⅲ.①律师事务所-运营管理-研究-中国 Ⅳ.①D926.54

中国国家版本馆 CIP 数据核字（2023）第 158406 号

价值运营：律师、律所如何做品牌传播推广　　　　　　　付中　著
Jiazhi Yunying: Lüshi、Lüsuo Ruhe Zuo Pinpai Chuanbo Tuiguang

策划编辑：郭善珊
责任编辑：董　晗
封面设计：沈仙卫
责任校对：刘小雨
责任监印：朱　玢
出版发行：华中科技大学出版社（中国·武汉）　电话：（027）81321913
　　　　　武汉市东湖新技术开发区华工科技园　邮编：430223
录　　排：华中科技大学出版社美编室
印　　刷：湖北恒泰印务有限公司
开　　本：880mm×1230mm　1/32
印　　张：8.25
字　　数：169千字
版　　次：2023年9月第1版第1次印刷
定　　价：59.00元

　　　　本书若有印装质量问题，请向出版社营销中心调换
　　　　全国免费服务热线：400-6679-118　　竭诚为您服务
　　　　版权所有　　侵权必究

前　言

　　律师行业该如何开展品牌公关营销工作？国内一直缺少一本系统化、专业化为律所主任、律所品牌营销负责人以及广大律师解开这个困惑的书。

　　自媒体文章确实已有不少。但碎片化的内容难以让大家对律师行业品牌公关营销建立系统化的认知，构架出能够"为我所用"的知识体系。

　　从法律实践、法治新闻实践到律师行业品牌公关营销服务，一路走来，我深切地感受到，至今仍没有意识到律师、律所品牌公关营销重要性的人，已经几乎没有了；如今想做好律师、律所品牌公关营销但不知道该如何干的人，太多了。

　　迎面而来的是一个核心的痛点问题：律师行业的品牌公关营销，到底该怎么做？怎么做，才算做得好？

　　律所主任必须解开这个困惑。主任们都太忙了，无暇顾及具体营销工作，只能安排下属或者聘用第三方团队去运营。但作为律所经营管理者至少要对品牌公关营销工作建立正确的基本概念，这样自己才能辨别"好坏对错"，为自己律所的品牌营销团队建立起专业的评判标准，做出正确的律所品牌营销发展策略，引导团队在正确的路上前进。

律所品牌营销部门的工作人员必须解开这个困惑。目前，国内律所的品牌营销部门人员专业化程度有必要进一步提升，"法律＋品牌营销"的复合专业度亦有待提升。

广大律师，更是必须解开这个困惑。经济"下行期"的阵痛，已经层层传导到了律师行业，有的资深律师已经开始感慨"不好干了"，而年轻律师面临的是更严峻的生存问题。

想聘请第三方服务团队，更是必须先解开这个困惑。如今市场上为律所的第三方服务公司良莠不齐，吃的就是律所行业"外行多"的红利。

谁是专业的？谁在忽悠我？这个"超低价"，到底值不值？乙方开出的这个 KPI 看着光鲜，但有没有实际意义？律所、律师品牌营销直接关联着业绩，试错成本太高了。

因此，本书结合律师行业实际，从品牌基本概念写起，进而陆续具体讲解了新媒体运营、SEM、SEO、媒介传播等所有主流的品牌公关营销方式。其中，关于抖音等新一代新媒体以及关于微信私域内容营销等内容，都是我本人多年来的成功实践经验总结。

希望这本书能对大家有所帮助，共同推进律师行业品牌公关营销水平的发展，为大家赋能助力。

目 录

第1章
品牌的运营价值 / 001

什么是品牌传播　003

做好公关类品牌传播，对律师行业至关重要　005

最大误区：用单纯的营销思维看品牌传播价值　010

做品牌传播，先要明确"给谁看"　015

用传播触达客户，需要多点刺激、逐渐加深　020

第2章
以算法为核心的抖音、头条号等自媒体 / 025

"算法"已成底层逻辑，值得所有人学习了解　027

抖音、头条号的运营规则　030

摸清自媒体的算法规律，拍出爆款　034

实战案例：没做起来的抖音老号，运营一年流量涨30倍　040

第 3 章
算法时代,凸显微信生态传播价值 / 045

私域基础上的微信公众号流量突破　047

建立在私域基础上的微信公众号精准传播　051

微信公众号向算法推荐机制的进军　056

视频号,有重要战略意义的自媒体阵地　059

律师个人朋友圈传播的价值和玩法　064

第 4 章
其他自媒体平台的运营价值 / 069

快手,运营成功后有稳定持续的品牌收益　071

知乎,有办法让你感受到它"有价值又不重"　074

掌握微博运营技巧,新号仍能瞬间流量爆发　078

如果你是女律师,或以女性为目标人群,入驻小红书吧!　084

美团、大众点评、淘宝、拼多多、百度地图、高德地图……　087

百家号、网易号、搜狐号、36氪、雪球……　090

第 5 章
网上直播:律所营销的有效新手段 / 093

选哪家平台直播,要根据律所实际需求而定　095

这些做法,可提高观众停留时长　099

多种手段实现直播引流和用户信任递增　103

第 6 章
如何通过自媒体运营实现案源转化 / 105

内容专业垂直,持续输出形成矩阵　107

做内容营销,SOP 思维要贯穿全过程　109

第 7 章
与品牌传播有效结合,做好搜索引擎推广 / 113

如何多快好省地做好关键词投放策略　115

从品牌视角看如何增进百度竞价推广的转化率　119

第 8 章
SEO 及相关的品牌传播 / 123

官方网站:品牌矩阵的标配,百度系营销的基础　125

SEO:品牌传播的提速器　130

软文传播:目的就是"百度收录"　135

百科类品牌建设:律师的一张权威可信名片　139

第 9 章
线下活动的客户触达价值无可替代 / 143

活动筹备阶段,要提前制订出工作目标　145

组织不同规模的活动,应注意的不同事项　151

如何做好活动类传播和营销转化　156

第 10 章
如何借助新闻媒体做好品牌传播 / 159

自媒体时代，新闻报道还有品牌传播价值吗？　161
律师如何向新闻媒体借力　165
利用新闻影响力间接获客的秘诀　172

第 11 章
专业方向的品牌输出 / 175

出一本好书，可以大幅提升专业化品牌影响力　177
律所通过专业化品牌输出，可以实现案源转化　180
个体律师如何打造专业化品牌形象　182

第 12 章
大脑空空愁选题？告诉你哪些内容值得做！ / 187

都有哪些选题类型可以做　189
对律所品牌人员而言，什么是好选题、好内容　194
如何策划出好选题，原创出好内容　197

第 13 章
如何架构品牌营销体系 / 201

打造大型品牌化律所，必须首先解决内部矛盾　203

打造"吸引人才型"律所：找准人才需求是关键　207

以公共案源为核心的专业化律所：只顾营销忽略品牌是误区　210

主做 to B 业务的中型律所：如何实现对精准人群的传播　213

小律所与律师团队：不要离开预算空谈品牌建设　216

三线以下城市律所：用好品牌传播的"地域红利"　219

合并后的新所：品牌如何锻造升级　222

律所舆情处置与危机公关　226

第 14 章
应该如何选人用人，实现品牌建设的高性价比 / 231

律所招聘品牌人员，应重点考察哪些能力素质　233

律所市场品牌人才现状：薪资标准低，难吸引高水平人才　236

请第三方来代运营，是个好选择吗？　239

第 15 章
展望：移动互联网终将彻底改变律师业态 / 245

当今的律师行业，早已悄然形成新业态　247

5G 时代：行业将迎来更激烈变革，谁能弯道超车　251

第1章
品牌的运营价值

什么是品牌传播

如今,律所和律师个人,都越来越重视品牌传播。多数人都意识到品牌传播对律所发展或律师个人发展的价值,以及对案源转化的直接或间接帮助。但是,品牌传播到底是什么,该怎么做,相当一部分人说不清楚,缺乏清晰的概念和逻辑体系。

想做好品牌传播,必须先理解最顶层的概念——品牌。

律所,是"企业",又不是"企业"。说律所是"企业",是指律所也需要发展客户,去挣钱去营利。所以,律所品牌传播,可以参考企业维度的品牌概念和品牌传播体系。

律所品牌,是人们对律所以及律所服务、文化价值的评价、认知与信任度,是"商品"综合品质的体现。律所有了品牌,客户才能认你,遇到法律上的事儿才能想到你,才会愿意购买你的服务。对律师来说,道理也一样。

在"属人色彩"很强的律师行业,品牌更值得重视。无论客户是通过熟人介绍找到了你,还是通过互联网营销找到了你,他们都是出于对一家律所品牌的信任或律师个人品牌的信任,才决定签约购买服务的。

说完品牌,再说品牌传播。

从传播目的和传播特点上,品牌传播大致可以分为广告投放类品牌传播和公关类品牌传播。

广告投放类品牌传播,本质上是流量采买逻辑,通过特定的媒介物,直截了当地输出自己的品牌内容。受众可以清晰地看出来:"嗯,这是一条广告。"

公关类品牌传播,是通过策划和包装,用含蓄的传播方式,让人在不知不觉中建立对品牌的认知,或进一步提升对品牌的信任,甚至在一定情境下,会主动为这个品牌说好话。一些潜在客户可能在被触达后,根本没意识到公司传播目的其实是为了获客,就稀里糊涂"上钩"了。

在律所,很少能听到"公关"这个词,但律所普遍在做的新媒体运营、微信私域传播(朋友圈)、直播、媒体传播、线下活动等,本质上是公关类品牌传播。

做好公关类品牌传播，对律师行业至关重要

除了搜索引擎竞价推广之外，绝大多数律所出于预算上的考虑，以及行业法规的限制，很少做需要大量投入资金的广告投放类品牌传播，日常做的主要是公关类品牌传播。所以，研究、吃透公关类品牌传播，对律所和律师而言，是极为重要的。

但律师行业又是个强营销逻辑的行业。笔者在为律所做品牌传播服务时，经常听到这样的话：做这个有没有转化(案源)？转化效果怎么样？在不少人看来，与"案源转化"无关的品牌传播是无用的，是浪费人力和财力的行为。

公关类品牌传播对"案源转化"是有重要的作用和价值的。主要包括以下几点：

第一层作用，是让律师与陌生的潜在客户之间形成有效触达，良好的第一印象成为客户日后产生委托动机的基础。

在一些行业，销售员的陌生拜访、电话营销让人不胜其烦。这种触达，不仅效果差，也不符合律师的行业形象。

公关类品牌传播，首先是在为律师创造一次"有效触达"的机会。新媒体文章也好，朋友圈的内容也好，不少人遇到案子时，就是因为恰巧看到了某位律师发布的内容，继而联系这位律师，最终形成委托关系的。一些来自所内同事、法律同业介绍的案源，介绍人也是因为通过某篇文章、某次会议上的发言，认识某个领域很专业的某某律师，继而才主动介绍给你的。

第二层作用，是大大降低了获客成本，提高了获客效率。

越是有品牌的律所、有个人声望的律师，谈客户越容易。有时候甚至有一种反客为主的"甲方气场"。

法律服务的低频性特点，决定了C端客户多半是陌生人。要让一个陌生人在遇到人生中很重要的一次法律纠纷时，不但愿意委托你，而且愿意掏一笔比较高昂的律师费，他对你的信任度必须超过一定阈值，否则无法实现。

这个时候，之前你撰写的每一篇专业文章、热点解读，朋友圈晒出的每一次成交、胜案，百度里收录的每篇品牌软文，你组织或参与的每次高规格的论坛、会议，高大上的律所环境以及律所自媒体打造出的气场，都在增加客户的信任分。

不是曾经和某个潜在客户加过微信，遇上事了对方就要委托你。信任，是需要逐渐积累的。

为什么"熟人介绍"成单率高？本质上，是因为"熟人介绍"的信任基础分更高。

律所所做的公关类品牌传播，以及律师自己做的传播，可能潜在客户从不在朋友圈里为之点赞或作出评价，但他很可能是默默看过了的。每一次优质传播，都会让一位律师、一家律所，在潜在客户心中的美誉度、信任度递增。当这种信任度超过一定阈值，同时恰好这位潜在客户遇到法律纠纷了，他此时如果主动联系到你，那么成单的概率会大大增加。

一些律师，白天办案很辛苦，晚上还要经常约人组局吃饭。做这些，无非就是为了触达潜在客户，让信任递增。但单纯用这种做法触达，时间精力成本非常高。将公关传播手段结合进来，客户触达的效果和效率能大大提升；律师也能腾出更多的时间钻研业务，并留出时间照顾家庭。

第三层作用，是可以形成品牌溢价，提升律师报价水平。

曾经有一位律所主任不服气地说，某某律所业务上根本比不过他们，在外面报价却比他们还高，可客户傻乎乎还真"上当"。"哼，那个律所就是靠瞎忽悠！"

笔者不认为这叫"瞎忽悠"。任何一件商品，价格都是由其自身价值和品牌带来的溢价构成的。这就好比消费者去一家顶级知名西餐厅吃牛排，他会去算进口牛肉多少钱一斤吗？不会。因为他消费的不仅是牛肉，也是这家餐厅的品牌溢价。

从理性角度看，客户为名气买单也存在合理性。客户选择品牌美誉度高的律所、律师，心理上和选择一款有品牌溢价的奢侈品不同。前者，"品牌"也意味着交付信任时的安全感。

实事求是地说，没有品牌的律所、律师，数量远远超过有品牌的律所、律师。而前者鱼龙混杂、良莠不齐。对律师行业不甚了解、遇到法律问题才打算聘请律师的当事人来说，在自己无从辨别哪家律所、哪位律师更适合自己时，在经济条件允许的情况下，他显然更愿意选择有名气的律所、律师。

品牌溢价也会让案源自然分层。"大律师"优质案源多，成案率高，是因为不少当事人心理认知里就认为"大律师"价码高。在这种情况下，仍然找上门来的当事人，往往对价格不那么敏感，而是更关心律师的办案质量。

从律所角度说，品牌溢价的价值更大，更多优秀律师的加入、分所的收购与开设，都和律所的品牌力密不可分。

最大误区：用单纯的营销思维看品牌传播价值

在律师行业，品牌公关专业人才稀缺。律所主任本身懂品牌传播的也为数不多。在律所机构设置上，一些律所会选择做百度竞价推广出身的人员担任市场品牌部负责人。

这些律所存在的通病，就是用单纯的营销思维看品牌传播价值。

这些市场品牌负责人往往看不上新媒体运营等传播手段，认为该手段"没直接转化"或者"转化太慢"。一些人认为，从案源转化效果来看，搜索引擎竞价推广效果最好，而新媒体运营等其他传播手段，是瞎赶时髦浪费钱。

诚然，对不少律所来说，搜索引擎竞价推广不可或缺。仅从案源转化角度看，搜索引擎竞价推广是直观的，流量成本是多少，咨询转化是多少、案源转化是多少，一目了然。经过计算，可以做出投放模型，既方法简单又效果明显。尤其是对那些在品牌传播方面缺乏深刻认知的律所主任来说，流量采买逻辑更容易理解和接受。

所以，律所主任和百度竞价推广出身的市场品牌负责人才会问出"在这家媒体上发完稿能带来案子吗"这样的问题。这样的想法，也让一些从企业转型到律所的市场品牌专业人士苦恼。

前文已经介绍过，广告投放类品牌传播和公关类品牌传播是有着本质区别的，后者是通过建立品牌声誉，培养潜在客户的品牌信任度和好感，逐渐促成转化，它的存在价值和转化逻辑，与前者的价值和转化逻辑完全不同。把两者直接做对比，如同让草原上的狮子和大海里的鲨鱼比谁强，完全没有可比性。

实例：告诉大家做公关类品牌传播虽然或许不能形成直接的案源转化，但做它的意义又何在——

律师都知道，拆迁法律服务市场有个有意思的"山东帮"现象。北京地区的拆迁律所主任，尤其是头部律所，都是山东人。

这是因为拆迁律所的打法大都是：一方面，首先通过百度竞价获得潜在客户，然后设置专门的部门和人员接客源谈案子，再由具体律师承办。另一方面，拆迁相关法律，法理并不艰深，办案过程更容易形成相对固定的模式。

这两个特点，使得拆迁律所容易实现"成功经验复制"，克隆出来一个又一个拆迁律所。最早的拆迁律所，律师多数来自山东。所以，当他们纷纷另起炉灶之后，给人的感觉是，拆迁律所都是山东人开的。

但拆迁律所这些年越来越不好干了，不少拆迁律所在转型之中。除了城市化建设趋缓，潜在客户少了，竞争变得更加激烈之外，很多拆迁律所高度依赖百度竞价推广获客也是原因之一。

目前，和拆迁法律服务有关的竞价关键词越来越贵。这导致拆迁律所的获客成本越来越高。同时，打法的高度相似也让一些律所开始打价格战，利润越来越薄。

如果将预算100%用于百度竞价推广这样的流量采买广告，当获客量级到达一定程度之后，有两个数据指标会报警：获客成本越来越高，转化率下降。

假定在北京，单月搜索"拆迁律师"的有1万人，如果律所在百度竞价中的出价领先，那么理论上它可以把这1万个潜在客户中的相当一部分"捞"走；但如果在百度竞价中排名不占优势，那么可能只能"捞"中剩余一小部分。

为了获取更多的流量（潜在客户），律所在百度上只能通过不断提高出价来打败对手，获得更多的客户。按照这个逻辑，在蛋糕不变的情况下，如果大家都在追求客户量增长，那么价格只能是水涨船高，导致获客成本越来越高。

而公关类品牌传播，通过新媒体运营、媒体报道、线下各类活动等传播，让更广泛的人群产生品牌认知和品牌美誉。广泛的品牌美誉会让更多潜在客户到搜索引擎上搜索品牌律所，潜移默化地做大蛋糕。

比如，"××拆迁律师"通过新媒体传播等系列品牌手段，形成了极高的品牌力，那么，在其他条件恒定的情况下，即使它保持原有出价，也可以获得更多的潜在客户。因为会有更多的潜在拆迁客户到百度上搜索"××拆迁律师"。而且，品牌力提升了，转化率也会随之提升。因为品牌美誉，增加了律所在客户心目中的权威度和信任度。

公关类品牌传播还有搜索引擎竞价推广无法比拟的两个优势——

首先，搜索引擎推广等流量采买，特点是"买了就有，不买就一点没有"。而通过公关类品牌传播形成的品牌力具有持续性，不会因为"没有投放"而瞬间消失。

其次，搜索引擎竞价推广，对标的金额特别巨大的 C 端客户和 B 端客户，效果都是有限的。但公关类品牌传播是可以对这些客户形成有效触达，通过持续不断的品牌输出，影响到客户的决策。

公关类品牌传播，不应简单以销售转化效果为 KPI 考核标准，但可以结合新媒体阅读量和互动数据、线下活动参与人数、新闻媒体报道后的社会关注度和美誉度变化、特殊重要人群的美誉度变化等进行综合考量。

所以，新媒体运营、媒体传播等公关类品牌传播，不是"一时时髦"，而是价值和作用极大。可以说，哪家律所不重视公关类品牌传播，哪家律所未来就很可能难逃被市场边缘化的命运。

做品牌传播，先要明确"给谁看"

做品牌传播之前，需要基础性品牌建设。基础性品牌建设包括三点：定方向，树三观，立人设。

定方向，就是针对特定细分市场，确定目标客户群，设计品牌定位。

树三观，是指企业文化。

立人设，是指品牌调性。

上面这些清晰了，品牌传播"给谁看"的问题就清晰了。

律所、律师品牌传播的目标人群可以主要分为以下几类：

- C端用户（哪怕是腰缠万贯、员工上万的老

板，只要他是直接和律所谈案子的最终客户，也是C端用户）

- B端用户（企业法务等企业人员）

- 法律同行（包括律师同行、法学教授、政法机关人员和其他法律人）

- G端人群（律协、司法系统领导等）

传播目标人群的不同，决定了内容上的不同。

传播对象主要是C端客户的综合型律所，品牌传播工作相对容易开展。民商事、刑事、行政、执行等，各个领域的内容都可以做，也值得做。其传播目的是让客户认为律师很专业、有责任心，律所综合实力很强等，让他们在选择律师的权衡中更倾向品牌律所。

传播主要对象是B端客户的律所，传播的主要内容最好是能体现真正专业度的深度内容，或能体现律所成绩、能力和综合实力的内容。这些内容必须保证优质，且具有持续性。B端用户决策复杂，链条长，这决定了B端用户不可能像C端人群那么容易被打动，律所需要有更加持续、更加专业的品牌传播输出。在企业界，一些主要面对B端客户的大厂公关部门,每周都会做"念经稿"的传播。所谓"念经稿",就是通过持续不断的同类内容输出,让目标用户持续地触及关于这家企业的特定正面信息,最终对他们产生潜移默化的影响。

传播对象主要是法律同行,其传播目的应该设定为让法律同行认识到律所的专业度和综合实力。在一些专业化律所,法律同行是很重要的案源来源。如某知名专业化律所,通过每年举办专业领域的大型论坛以及日常通过自媒体输出专业内容打造律所的专业品牌调性,目前被业界公认为该法律细分领域的头部律所。通过这些品牌传播,很多法律同行都认为这家律所是这个法律细分领域里最专业的律所,遇到该领域的案件,纷纷主动给该律所介绍案源,或主动邀请"共同办案"。这些来自法律同行的案源,约占该律所案源的一半。在一些大型综合律所,一些专业能力强但案源不多的律师,也通过持续输出专业文章等方式打造个人的专业品牌形象,被同行、同事认可后,不断接到本所同事的相关案源合作邀约。

如果传播对象是 G 端人群,那么党建、公益活动、法律援助、律所管理创新、人民群众的反馈等,是律所要关注的。实践中,一些大型综合律所通过党建等一系列正面宣传活动,加强与 G 端的联系,取得了品牌美誉。

确认了品牌传播"给谁看",之后才是策划什么内容、如何制作内容、如何做好媒介传播等,否则品牌传播没有方向,难以实现预期效果。

换言之,评价某次品牌传播做得是否成功,首先要看这次品牌传播是否恰到好处地瞄准了目标人群。如果是错位的,那么品牌传播的效果归零。

举例来说,如果一家以商事、非诉为主的律所,聘用专业平面设计师在自媒体排版方面下功夫,让版面看上去高端大气上档次,很有必要;但一家拆迁律所也这样做,则会把客户吓跑大半。

所以,在做品牌传播之前,一定要先明确目标人群是谁,做哪类内容能触动他们,并对可能的传播效果做预估。然后围绕这个目的,去策划文章选题、接受采访、拍摄视频等。

另外要注意:流量只是手段,不是目的。一些律所公众号、律师个人公众号,流量看似不高,实则大多全部是精准流量,每个流量都在精准触达目标人群,并在目标人群中形成了很好的转化。

反过来,有的律所认为既然投入了人力财力,就必须保证"效果"。而所谓的"效果",就是流量有多少,甚至出现过新微信公众号就要求运营人员承诺"每个月出几个10万+"的不合理要求,结果要么是运营人员被迫离职,要么是唯流量做内容不考虑传播有效性,要么是刷假流量应付了事,最终结果难逃竹篮打水一场空。

在一些自媒体平台上,一些律师陷入单纯追求流量的怪圈中。有的律师以低俗话题博眼球,一开始流量很高,但后来被平台发现,而被限流。其实,即便平台不限流,这种内容宣传对律师个人品牌来说也是一种伤害。不太可能有人看了这样的内容,来找律师打官司。有人说,流量就是王道,成了大V律师,可以带货变现。笔者认为,律师应为法律服务而生,一位律师成了法律大V之后,如果只能靠带货实现个人价值,而不是靠优质案源实现价值,不能算是律师品牌传播的成功。

传播目标精准,并做很多准备工作,但还是不一定能迅速抓住潜在客户的心,是很正常的。传播结束后的数据统计、总结分析非常重要,要不断根据目标人群的反馈,做出内容、形式、媒介等各方面的修正,让内容更好地走进潜在客户的心。

用传播触达客户，需要多点刺激、逐渐加深

品牌传播的目的，是为了触达目标人群，对目标人群的心智产生影响。通过品牌传播实现价值，既需要一个过程、循序渐进，也需要矩阵化的排兵布阵。

传统营销领域有"七次法则"一说：潜在客户至少要七次看到某个产品或者某项服务的市场营销信息，才可能考虑发生购买行为。从企业界的大量实践看，通过品牌传播触达目标人群，有两个前人总结出的规律——

第一，品牌传播需要实现对目标人群的"多点刺激"。也就是说，在预算允许的情况下，品牌传播需要矩阵化（不仅仅是品牌传播，整个品牌建设都需要矩阵化）。律所的品牌点位图见图1-1。

律师事务所品牌接触点——

官方网站

官方自媒体　　　　　　微信私域传播

平台直播

百度优化　　搜索引擎推广、信息流广告

新闻媒体报道

法律网站律师黄页　　行业声望

百科、问答　　　　　　　　　　课程培训平台

法律书、白皮书出版　　口碑传播

座谈会、研讨会、论坛

政府荣誉　　　　评级评奖　　CI 设计体系

宣传片、宣传册　　律所文化　　客户酒会　　公益活动

办公环境　　办案经验和律所历史　　接待人员表现

价格　社会资源　业务广度

文件规范化　名片

内部合作

办案质量

图 1-1　律所的品牌点位图

律所品牌接触点主要有如下方面。

（1）官方网站和官方自媒体。

它们既是外界了解律所的窗口，也是最有效、最低成本的品牌展示机会。在官方自媒体号当中，微信公众号是最基础的建设，也是最基础的品牌展示窗口。同时，微信公众号

也是做私域传播的内容枢纽，积累私域的基础路径。然后是抖音、头条号、微博、视频号和小红书。这些是当下最主流，也是流量最集中的平台。再往下是以铺量、百度收录为目的的平台矩阵，如知乎、百家号、视频号、网易号、搜狐号、企鹅号等。自营账号未必有多高的流量，但经常发布一些高质量的文章，内容多半会被百度收录。日后有人搜索相关关键词时，这些内容会在百度上呈现。

（2）新闻媒体资源。

法治媒体、中央级媒体、市场化主流媒体、特定行业媒体、地域性媒体和一般网络媒体等（上述类型互相之间有交叉，不是闭环式分类），对品牌传播的价值和意义都是不同的，值得律所多加了解。而与重要的、知名的媒体人成为朋友，积累核心媒体资源，也是一项有价值的工作。

（3）平台直播。

目前，平台的直播仍有流量红利，也是直接有效触达目标人群、展示律所品牌形象和专业能力的重要方式。

（4）"微信公众号—微信个人号"私域传播。

这是当下一种新的、非常有效的、针对特定目标人群的精准传播方式。把从微信公众号等各种途径积累的用户沉淀到个人微信号，通过综合运营手段，可以逐渐在这些潜在客户中形成持续不断的转化。

（5）百科、问答和各种法律网站的律师黄页曝光。

（6）宣传片、宣传册等展示类传播。

（7）专业性输出，如策划课程、出版图书（专业书、白皮书等）、组织专业的座谈会、研讨会、论坛等。

各种品牌传播渠道如满天繁星，不一而足。从泛传播的角度，律所前台的一个微笑、客服的每次接电、办公环境给人的第一印象，也同样具有不可忽视的品牌传播力。

第二，品牌传播需要持续不断地发力，并通过各种方式让潜在客户加深品牌认知和品牌信任。

形成品牌矩阵的好处，在于"你就算在这里没看到我，也可以在那里看到"，或者"在这里看到了，在那里还能看到"。几十年前有个特别简单粗暴的广告词："恒源祥，羊羊羊！"尽管大家对这则广告褒贬不一，但不得不承认，当年这则广告铺遍各个媒介渠道，最终大家都记住了"恒源祥"这个名字。

让别人记住你，是实现品牌价值的第一步。然后就是利用品牌传播矩阵进行策划，引导对你感兴趣的客户不断去"试用"，从而深化对品牌的了解。内容性输出是"试用"的第一步。你需要设计出一些低价的或者虽然免费但需要对方付出一定对价的服务性产品，让那些对你感兴趣但有疑虑的客户"试试看"。如果可能，"试用品"可以多设计出几个层级。客户"试用"后如果认可品牌，仍然对品牌保持美誉，这就说明品牌信任加深了。这为今后的案件委托、法务合作奠定了基础。

你的品牌矩阵越庞大，可以用来设计运营策略的手段就越丰富。

# 第 2 章
以算法为核心的抖音、头条号等自媒体

"算法"已成底层逻辑，值得所有人学习了解

抖音、头条号，可谓是具有划时代意义的新一代自媒体。之所以说"划时代"，是因为自媒体从早期的论坛、博客，到后来的微博、微信公众号等，都是"粉丝机制"。一个账号、一篇文章，流量由人决定，粉丝越多，流量越大。但从头条号、抖音开始，"算法"取代人，成为决定流量多少的关键因素，"算"出来应该给你多少流量，就给你多少。

在此前，想让自媒体内容流量高，需要去琢磨"人"，根据每篇文章的互动数据，研究粉丝的喜好。人对人，更容易作出准确判断。

现在，必须研究算法。算法是机器，是 AI，它不是我们的同类，它只是一串串代码，而且"智能"尚存纰漏。

打个比方，运营"上一代"自媒体，相当于中国导演和观众之间的互动沟通，大家是在同一个文化思想框架之内

的，容易形成"同理心"。而算法不但不是"中国人"，甚至都不能说是"外国人"，应该是"外星人"。对它，套用以前的经验完全无效。

无论你对算法统治下的自媒体生态认同与否，时代不可逆。新浪搜狐网易腾讯凤凰网，昔日的新闻五大门户，也早已顺应时代，实现了算法化。知乎、小红书、B站，这些新媒体平台，也已经算法化。甚至微博、微信公众号这两个中期自媒体平台代表，也悄然算法化了。纯粹的以粉丝为流量中心的自媒体平台，已经彻底不存在了。

自媒体"迭代"，可以视之为流量控制权的转移。以前，流量是非中心化的，流量的多少主要和账号的粉丝数有关，和平台无关。在算法中心化的时代，平台很大程度上占据了流量控制权，从中可以获得庞大的经济收益。

在未来很长一段时间内，自媒体平台流量中心化的趋势不会改变。因此，对算法型自媒体建立基本了解，是时代的要求。移动互联网时代，传播媒介已经悄然影响了各个行业，不亚于新一轮"工业革命"。算法之下的新一代自媒体，是这轮"工业革命"中的一次重要版本迭代，对各个行业产生深远影响。

理解机器，如同让一个人去学着理解外星人，确实艰难，需要一个认知过程。但如果不去跟紧潮流，当大势抛弃你的时候，招呼都不会打一声。

律所也不例外，必须去学习了解算法。如今建立在移动互联网基础上的新一代自媒体，已经逐渐成为经济领域的基础建设和底层逻辑，如果对此一无所知，甚至存在错误认知，战略和方向都可能产生误判。

抖音、头条号的运营规则

以前做自媒体,要研究透粉丝,现在要想在抖音这些自媒体平台上出爆款,必须吃透建立在算法基础上的运营规则。

以抖音为例,流量推送的基本原理是:视频发布后,机器根据账号权重的不同、内容和形式的不同,给予初始的流量推送。(抖音的粉丝数也是一项维度,但权重越来越低。)推送后,系统会根据一系列数据判断这条视频是否值得继续推送流量、推送多少流量。在每轮的流量推送过程中,系统对视频的审核也会逐渐加强。运营人员也会做出一定的人工干预。

说完流量推送原理,再说平台的审核机制。这也是对流量产生重大影响的因素。

首先是机器审核。机器审核包括政治维度、违法违规维度、少儿不宜维度、色情低俗维度、广告营销维度等。机器的评判，建立在算法模型之下，仍在不断完善之中，因此会出现误伤误判。比如，你在内容里提到了某个知名企业的名称、某个知名产品、某位政治人物或者某个大单位，可能就被限流了。

"你看看某某账号，人家写了这些那些，就没限流啊！而且流量很高。"时常有人这样不解地抱怨。想弄明白这一点，就需要了解算法的分层识别机制。

先说用户分层。对自媒体账号区分不同属性、等级，这是算法基本逻辑之一。不同属性、等级的账号，权重不同，权重的背后就是流量扶持程度、审核宽松程度等多个方面的不同。这就是为什么一些内容媒体号发了就有流量，而其他账号发就限流。

账号在新号期"脆弱值"最高，内容上必须高度谨慎，防止被机器审核"误伤"。算法机制下的自媒体平台，往往会给新号一个"评估期"。前几十条内容在很大程度上决定了该号未来的账号权重。所以新账号如果一开始就运营得很顺，之后就"怎么发怎么有"。但如果一开始就没运营好，之后会"怎么发怎么没有"。

再说通过"行为＋内容"进行识别分层。大号，即使每天也在发疑似"广告营销"的内容，但机器会在用户分层后,通过"行为+内容"进行识别,尽量避免出现"误伤"。实践中,维护好大号,也是平台运营人员的一项工作。

实践中,有些明知道系统会限制某些词汇,但出于经营目的,抱着侥幸心理,试图通过图片、视频或变异的文字逃避监管的自作聪明的伎俩,至多一时能逃避监管,但终将会被系统发现。

对于算法工程师来说,这些叫作"文本垃圾变异"。算法不是死的,会随着现实情况的变化而动态调整。运营人员、审核人员和技术人员,其重要工作之一就是发现异常、制订策略、调整算法模型。为了应对"文本垃圾变异",数据沉淀工作一直在进行,达到一定程度后会确定算法模型,做出"A=B"的数据识别。这时,小聪明就玩不下去了,并会受到相应惩罚。

再说人工审核。一些不符合平台期望的内容,即便一时被系统给予高流量推送,但运营人员一经发现,会通过人工手段降级处理。比如,某平台一度出现一些年轻貌美律师专门聊涉性话题,流量很高,运营人员发现后迅速将这类内容做流量限制处理,实现了平台对内容的引导和宏观把控。

在抖音等新一代自媒体平台运营账号,最容易出现的问题是"和机器赌气抬杠"——我做的东西这么好,凭什么不给流量?那谁的东西那么烂,凭什么流量那么高?

不要赌气,也不要和机器"抬杠"。我们面对的是机器,不是人,这个时代还远远不是 AI"智商"可以等同于人类智商的时代,那一串串代码还需要不断优化。

我们要学会理性看待。如今,运营好一个自媒体账号,等同于通过大量实践,找到"如何让机器判定你的内容是优质内容"的规律。这是在新一代自媒体平台上打造出爆款内容的基础。

摸清自媒体的算法规律，拍出爆款

视频怎么拍，系统才会给更多的推荐流量？运营法律自媒体的人，都特别想找到答案。但实际上，每个自媒体平台的算法千差万别，每个账号，因为类型、权重、内容与拍摄方式的不同，算法落实到账号上也有不同的特点。而且算法是"活"的，平台会根据现实情况不断做动态调整。今天的"套路"，或许几个月后就不适用了。所以，掌握摸清自媒体算法规律的方法论，比了解某个运营套路重要得多。

摸清自媒体算法规律，靠的是对算法逻辑的了解和日常运营过程中持续的数据统计分析。

数据分析能力，是新媒体运营最重要的专业能力，是找到算法流量密码的关键。它包括对数据的统计、分析、发现、解读与试错调试。这是区分一个新媒体运营团队或新媒体代运营团队是否足够专业的最核心能力。

数据分析的基础是定期的数据统计。很多新媒体运营人员是懒得做这个工作的。但这是找到算法流量密码最基础的工作。不专业的人做数据分析，往往停留在"做了"，后台扒一下自动生成的数据，做个周报向领导一交完事。

这是远远不够的。账号运营前期，数据的收集一定要全面。账号运营的中后期，核心数据要收集，实现新需求、测试新想法所需要的数据，更要收集得全面细致。

数据分析的关键，在于发现和分析解读。发现和分析解读，有时候是不分家的。比如，运营抖音新号，一分钟以内的视频往往流量相对更高。为什么？因为对各家平台来说，完播率是评价自媒体内容质量的关键数据，那么很显然，视频越短，完播率越高。所以，运营抖音新号，视频尽量控制在 40 秒至 1 分钟为佳。完播率高，随之能得到的系统流量推荐也会更多。这既是发现的规律，也是根据经验和发现，进而分析解读出来的规律。

在抖音平台上，如果某条视频获得了系统推荐的超高流量，那么把这条视频的结构框架以及其中最有风格特征的语句和动作元素"复制"出来，"套"到下一条视频里，很可能也可以获得较高的播放量。

这是一个非常有效的经验性结论。找到了这样一个结构框架和风格化语句和动作后，账号就有可能"一招鲜吃遍天"。

如某相声演员的账号,其中一类脚本的框架为:该人扮演的"武术师傅"与"徒弟"对练,徒弟碍于面子放水故意挨揍,"武术师傅"膨胀了又请"媒体的朋友"也来比试,结果闹出洋相。这一系列视频拍了数百条,流量普遍较高。

又如某知名搞笑抖音账号,其脚本的框架均为:一对情侣,男孩每次都不能理解女孩的感受或误解女孩的言行,"一错再错"并沾沾自喜,由此引发一连串让人忍俊不禁的剧情。

再如某草根歌手大号,她有不少抖音都是在先和搭档来上一段说笑打闹之后才开始唱歌,在歌手账号中独树一帜。

如果评价这些视频的是"人",这些没完没了的重复可能早让"评委"腻味了。而在流量中心化(算法控制流量)的模式下,不断的同质化重复不但不会被"差评",反而会让流量更有保障。因为算法模型不变,系统"评优"就不变。而且这条视频不是每次都大量推向帐号的粉丝,而是每条视频推荐流量多数推给了不同的陌生人。这些人都是第一次看到这条有特色的视频,自然不会感到重复乏味。

有时候,"发现"更重要,能否准确地作出分析解读并找到"为什么",并不重要。以头条号运营为例,如果事情发生在某个县域,内容里多次提及这个县域地名,流量越高，头条号地域标签精准分发的能力就越明显。笔者的公司曾为一家拆迁类律所代运营头条号，流量超过 10 万展现的微头条，从评论区评论内容可以明显看出来，凡是在微头条里强调了县域地域的优质微头条，流量都精准推荐到了该县。但如果地名是"北京""上海"这些大城市，地域标签对流量似乎几乎没有影响。

发现和分析解读的过程，有点像工科生在实验室做实验。发现能力，有时候更是一种"联想力"，或者说是"直觉"。这种能力是一个法律自媒体运营人是否优秀的重要判断标准。

有了"联想力"，还要去进一步试验印证、试错、微调，最终得出结论，运用于实践。

比如某款社交类视频 APP 试图打通私域，一位律所主任在这个平台上发布的每条视频，播放量虽然只有几千，但评论数平均能达到 40 至 60 条。

先要能"发现"上述情况，但这还不够，需要进一步挖掘分析。然后可以发现，这些评论者都是这位律所主任的熟人。为什么会有那么多熟人看到这条视频？原来是这位律所主任的手机通讯录里存入了 8000 多名好友，这些和他在评论区互动的人，都来自通讯录好友。

那么，是否只要每个手机里存入大量通讯录好友，就会产生大量熟人之间的视频推荐呢？这是个"合理想象"。然后就是试验，在不同的手机里导入大量手机通讯录好友，在不同的账号里做试验。试验的结果，与这位律所主任的情况大相径庭，至少从评论区里看不出来有明显的熟人之间的互动。

区别在哪儿？再进一步了解情况，综合分析。原来，这位律所主任的手机号是使用了将近20年的手机号，手机通讯录好友都是通过手机通话联系过或始终保持一定频次通话联系的人。

也就是说，这款社交类视频APP，在做私域尝试时，算法模型并不是简单粗暴的——只要是手机通讯录好友就会频繁做视频推送。事实上，手机号码的使用年限、双方之间的联系频次与密度，这些都很可能是算法模型中的权重因素。

只要不断做数据统计、分析，进而根据分析和想象"做试验"，并不断得出"试验结论"，那么算法的流量密码就会显现在眼前。直接知道"结论"，远没有学会"发现结论"重要。

另外，还要研究如何不被限流、账号不被降级，这也非常重要。算法机制下，违规经常发生在不经意间。而账号一旦被多次限流，很可能会被降级到下一级流量池，届时账号运营就困难了。

实践中，总有一些人误以为"认识人好办事"，多认识一些平台运营人员，流量就可以推过来了。实际上，平台除了可能给一些特定的大号一些流量倾斜，对于普通账号，运营人员是不可能给予"特殊照顾"的。

有的运营人员愿意告知一些"运营技巧"。但实际上，这些所谓的"运营技巧"只是他们希望平台和自媒体账号能够一起实现的结果，与运营实践可能相差甚远。打个比方：平台运营人员，如同是设计开发电子游戏《超级玛丽》的IT工程师，他们对这款游戏的每个小细节都"知道"，但具体到得距离多远加速才能越过悬崖跳到对面，如何掌握跳跃的节奏，他们是不了解的。这些只能来自于实践，一遍遍地玩，摸索总结经验。

实战案例：没做起来的抖音老号，运营一年流量涨 30 倍

某律所抖音账号，运营了很久都没起色，平均流量只有三四千，视频还经常被限流、屏蔽。交由某公司代运营一年后，视频单条平均播放量破 15 万，100 万 + 爆款视频 8 条，最高播放量近千万。

运营拉升一个滞后旧账号，难度远大于运营一个新号。因为原号已经在一个内部评级较差的流量池了，再突破比较困难。能取得这样的成绩，实属不易。

下面具体讲述这个案例，让大家了解一下接手运营一个账号的实战流程。

第一步，是为老号做运营前诊断。

某家律所的抖音账号运营很久，负责人寄予厚望，但流量一直有限，这个抖音号成了运营无味、弃之可惜的鸡肋。交由公司接手后，运营人员做的第一件事是对账号做诊断。

登录后台，运营人员仔细查看了全部视频，确认账号的主要问题有三：

首先是时长过长，每个视频都超过了三分钟。中长视频远比短视频对内容要求更高。在选题策划和律师发挥尚有很大提升空间的情况下，在抖音平台发布中长视频是非常费力不讨好的一件事。完播率是系统是否会持续推送流量的重要指标。如果视频没人想看完，那完播率显然是很低的，自然得不到流量推荐。

其次是视频包装亟待提升。一会儿一个样的凌乱视频包装风格、寡淡的背景色、不够美观醒目的视频标题等，非常影响受众对账号的好感度。

最后是选题与内容需要大刀阔斧调整。包括选题风格、语言风格、内容结构等。

第二步，是提交运营策略，全面改版。

做出账号诊断后，运营人员向律所提交账号运营策划报告，讲述运营该账号的思路。提交报告后，运营人员拟与律所充分沟通，以保证运营思路的一致。

同时，运营人员根据该律所账号的定位，为其筛选出多个值得对标的账号，作为未来的对标参考。

在运营策划报告中，运营人员会提出，账号只做短视频，时长严格控制在一分钟以内，力争每条视频都在40秒左右。先把流量整体拉起来，律师的能力、自信和兴趣度提起来后，再做两三分钟的中视频。

视频包装方面，将此前发布的包装风格不一的视频大面积"隐藏"；重新设计视频包装风格，调整背景色、标题条幅颜色和标题字号，使其更加醒目美观；只做主流的竖版法律视频，放弃横版视频。

在提交运营规划报告的同时，运营人员也提交了第一批选题。选题设计上主要考虑三点：选题保证新颖性，不做别家做过的话题；不做纯热点，只做泛化的热点和大热点背景下的新问题，很多就着热点写热点的视频因为太过扎堆内容同质，其实流量并不高；确认话题是否有普适性，不做受众人群过窄的选题。

运营策划报告得到了律所的充分认可。之后，进入实际运营阶段。

脚本制作时，确保高度口语化，即"说人话"。同时要求脚本制作人员写完脚本后要掐表通读几遍，规避不好读的语言词句，严格保证时长。

拍摄时，关注各种小细节。比如律师的着装，比如提前到场和律师沟通。要让律师在轻松的氛围下完成拍摄。同时要保证人物尽量有动作有手势。

日常运营阶段，选题、脚本、拍摄剪辑等方向性，都是前面双方已经充分沟通过的了。这一阶段最重要的是对数据的监控分析。

只写只拍不做数据分析，那就不叫真正的账号运营。数据分析能力，是自媒体运营人员各项能力中最重要的一项，也是很多人欠缺的。

自媒体运营的经验和能力，一定不是先验的，一定是通过数据监控分析之后得出来的结论。实际运营过程中，运营人员不但根据数据以及账号综合表现，分析总结出大量关于这个账号的经验，每月汇总形成报告与甲方交流，还结合数据中发现的情况，对运营策略作出微调。

两个月后，账号在新的流量池里进入稳定期。之后，流量逐步增加，出现爆款。

第 3 章
算法时代，凸显微信生态
传播价值

私域基础上的微信公众号流量突破

如今，时常听见有人说，现在微信公众号不行了，打开率平均也就2%，几十万粉丝的公众号也没多少真实阅读量了。如果是只靠公众号自身，那么这就是无奈的事实。

可是，如今自媒体平台太多了，自媒体号也太多了，抖音等视频自媒体还直接对图文自媒体形成降维打击，时代早已从自媒体内容稀缺、填不饱人们阅读欲的红利期，转变到自媒体内容供大于求的新时代。人们的选择多了，公众号的整体流量逐年下降。

有人说，如今抖音、视频号、头条号、小红书风头正劲，微信公众号过时了。但是，笔者想告诉大家：微信公众号并没有过时，而且依然能够出爆款，做出品牌传播效果。

微信公众号之前的爆款逻辑在于研究"人"。粉丝越多，公众号打开率越高，自然阅读量就越高，朋友圈转发也会越多，超过了阈值就爆起来了。那时候，运营微信公众号，靠的是研究人性，研究粉丝，善于捕捉、调动人的情绪，比如焦虑、愤怒等。

但如今，上面这些成了老黄历。粉丝可能还在公众号里，但很多人已经是死粉了。微信公众号现今的爆款逻辑，在于"微信公众号——个人微信号私域"的传播新链条。

私域，是个时髦词。但实际上，狭义的私域或者说最有价值的私域，只有一个，那就是个人微信号。大家可以注意一下。抖音号主也好，小红书号主也好，淘宝店主也好，他们通过其他平台吸引来的粉丝，都会导入自己的个人微信号里。

微信私域流量，来自个人微信号里的好友（即朋友圈触达人数）和微信群（尤其是有某一垂直属性的微信群）。笔者运营的多个微信公众号，都是零粉丝状态下冷启动，均在首篇文章即斩获数万的精准阅读量。怎么做到的？就是靠微信私域传播！多年来，笔者一直着意打造个人微信号私域，至今有16个个人微信号，7万名垂类好友（法律人、媒体人等），2000多个垂类微信群。

公众号的自然打开率低，朋友圈传播和微信群分发，相当于给公众号的打开率做了个外延拓展，大大提升一篇公众号文章的首轮传播数量级。

为什么说在"微信公众号——个人微信号私域"的传播链条中，特定领域的垂直人群极为重要？那是因为特定内容的文章只有在对应的微信私域里分发，才更有爆发力。比如有个新闻，一律师因生活窘迫，深夜跑到茶楼偷香烟换钱，如果是普通网民看，那就是个新鲜事儿，但如果是律师同行看，关注度和感慨程度是完全不一样的，转发率也是完全不一样的。

特定内容的文章，在相对应的人群中通过朋友圈和微信群做首轮传播后，朋友圈转发和微信群转发的数量会显著高于非对应人群。更重要的是，对应人群微信里的好友，往往相当一部分也是和特定内容相对应的人群，这样就形成了裂变效果，也就是所谓的"文章爆了"。

律所新开了微信公众号，要让公众号内容迅速获得广泛关注，关键在于能否借力微信私域传播。

微信私域建设是一门显学。拆迁律师、婚姻律师、法考培训机构在微信私域建设方面已经远远走到了其他同行前面。关于微信私域建设，有两点要特别注意：

一是，做微信私域建设，一定要尽早。现在做，已经比前几年难了，以后会更难。现在去加微信群里的人，加上几十个，微信系统可能就会限流。5G成熟后，何时会出现能将微信迭代的新社交产品，谁也不知道。

二是，做微信私域建设，起步晚也要做。微信私域宽广度，直接决定了微信公众号内容的传播度。而微信公众号文章是所有自媒体内容中品牌传播价值最高、距离转化最近的。虽然你可能已经比不过那些早早布局的人，但有总比没有强，私域宽一点，品牌声量就随之大一点。

如今微信私域建设已基本过了红利期，想迅速建设宽广的微信私域确实很难了。借力于外部第三方，通过他们的微信私域做朋友圈传播和社群传播，从而迅速提升自身的品牌传播效果，也是个值得采用的方式。

建立在私域基础上的微信公众号精准传播

微信公众号——个人微信号私域传播,不但利于内容迅速广泛传播,而且更容易出爆款,其更大的价值在于实现针对特定人群的精准传播,让优质内容源源不断地通过朋友圈、微信群触达潜在客户,从而实现内容营销。

如今大城市律师人数众多,优质案源是有限的,潜在客户在选择律师时,不会轻易做出选择,而是会暗中做一番考察。如果能把这些潜在客户都聚留在律所或律师的微信私域里,通过不断输出的优质文章,让他们对律所或律师产生更多的了解、信任与好感,且能够保持住品牌美誉度。那么,日后一旦有法律需求,这些潜在客户很可能第一时间想到这家律所或律师。

还有一种情况是,客户苦求合适的法律服务人选而不得,这时恰好看到你在朋友圈发了一篇法律文章。"哎?这不是和我的案子一样吗?"于是他主动联系了你。这样的情况在实践中经常出现。

利用微信私域做精准传播、内容营销，要注意以下几点：

一是对目标人群要有微信私域沉淀意识。对有价值的特定人群，要有适合的微信私域拓展路径。微信群里加好友，脉脉里加好友等都是有效的方式。

很多人在一些场合只互换了名片，或者只打过一次电话。实际上，在移动互联网时代，电话、名片的社交功能已经非常有限了，至少在微信面前完全不是一个量级。一定不要只换名片或留存手机号码，如果对方是有价值的潜在目标客户，一定要加对方的微信。加了微信，不但日常交流更方便，朋友圈也将成为律所在他面前做品牌展示的重要途经。

此外，还有一点非常关键：平时添加的每个好友，要把他们的单位、职务、姓名都做备注，同时打上标签。这是做精准分发的基础。

二是要通过多元方式、由浅至深地触达目标人群。任何品牌传播效果都需要一个时间过程，如果想实现案源转化更需要时间。

让一个潜在客户接受你的品牌，首先是微信私域品牌传播要有持续性，对方必须能持续不断地接收到相关的优质内容。

然后是信息的多元化。比如能体现理论水平的理论文章：参加庭审、参加论坛活动、参加高规格聚会的朋友圈图片、胜诉文书、获奖证书、获得媒体报道的新闻链接、直播预告海报……

多元化的信息可以给目标人群多点刺激。可能有些人会因为看了你的文章，微信和你交流几句，有人可能会进入你的直播间听你的讲座，有人可能会买你写的书或其他小金额服务，这些，都是他对你的信任逐渐加深的过程。

只有这样，潜在客户才可能在某一天突然主动联系你，请你代理案件，成为你真正的大客户。

三是一定要保证精准分发，别太在意阅读量。做品牌传播、内容营销，事先确定目标客户群体、设计品牌定位、确立品牌调性，这些至关重要。这些清楚了，品牌传播"给谁看"的问题也就清楚了。

律所、律师品牌传播，传播的目标人群可以分为C端用户、B端用户、法律同行和G端人群。传播目标人群的不同，决定了内容策划上必须有所不同。

比如文章是写给企业法务看的，那么在朋友圈分发时，应该分发给打了"法务"标签的人看，如果扩大一些规模，那么"律师""法学学者""政法机关工作人员""老板"也可以看，但普通当事人就没必要看了。比如文章是写给当事人看的，那最好把所有法律同行屏蔽掉。同理，微信群分发也一样，你只需要在和目标人群匹配的群里分发即可，其他微信群不要做分发。

很多人对此表示不理解。"不管他是不是目标人群，多几个人看不好吗？"确实不好。如果你想做内容营销，你就应该对阅读量、咨询量、转化量这些关键数据做监测分析，比如平均1000个阅读量，对应的咨询量大体是多少，要心里有数。

如果阅读文章的都是非客户目标人群，这些阅读量不但没有任何有效转化上的意义，而且会形成数据干扰，让人无法了解真正的转化率到底是多少，从而影响进一步的判断决策和内容调试。

笔者有个公众号，文章是专门写给律师看的，发布后只通过朋友圈、微信群定向分发给相关人群阅读。公众号里教律师如何做新媒体的干货文章，定向分发给律师人群，阅读量并不算高，但阅读转化率不错，平均每200个阅读量，就会对应产生一个品牌传播服务咨询。

有的综合类律所的公众号和某些专业化律所的公众号也

一样。这些账号貌似流量一般，但获取的全部是精准流量，对目标人群触达率高，对塑造品牌调性、打造品牌认知作用巨大，在目标人群中形成了很好的转化效果。

简而言之：流量只是手段，不是目的。

微信公众号向算法推荐机制的进军

如今已经是算法时代。纯粹的粉丝机制已是过去式，抖音、头条号作为新一代自媒体的代表，引领了这个行业的迭代。可以说，如今所有的主流自媒体平台都已经"算法化"，只不过是算法的技术水平高低有差别。其中，最值得关注的是微信公众号的"算法化"。

如今的微信公众号，机制上的变化太大了。之前，微信公众号是典型的粉丝机制自媒体，粉丝越多流量对应也越高，公众号每发布一篇文章，粉丝都可以第一时间在订阅号信息里看到。粉丝是朋友圈裂变的基础。

如今，微信公众号在机制上作出很大调整，悄然向算法推荐机制靠拢。比如订阅号信息，早就不是谁关注了哪个公众号，这些公众号发布的文章就会第一时间按照发布时间顺序推送，而是设定了一定的权重，将"订阅"机制融入算法。在订阅号信息里刷几下，就能看到"发现"（系统推荐的一些未关注的公众号的文章）和视频号内容（也是未关注过的）。

"看一看"功能也是一种算法推荐机制。系统将微信好友点过"在看"的文章,推送给用户。

最值得关注和好好研究利用的是微信文章底部。底部出现的"喜欢此内容的人还喜欢"。这是微信算法机制的精华。出现在"喜欢此内容的人还喜欢"里的微信文章,都是和上文同领域的文章,其中相当一部分是用户没有关注过,甚至是用户试图搜索查询却一直没有找到的。而这些文章,普遍是内容相对优质,但流量不高,账号粉丝也不多。

这个机制给微信公众号带来的最大好处,不是增长了多少整体流量,而是增长了多少精准流量。微信系统的判断是,用户既然有兴趣把该类型的微信文章从头看到尾,那就说明用户可能对这类文章是感兴趣的,于是推送更多同类型文章。

举个例子,我司运营的公众号发了一篇"律所如何建设品牌营销体系"的文章,目标人群是律所主任,律所市场部、品牌部、新媒体部人员。可能很多目标人群对这篇文章感兴趣,但没有途径看到。现在有了"喜欢此内容的人还喜欢"推荐机制,上面所说的目标人群,只要看过同类型文章,就有可能被系统推荐,看到我的这篇公众号文章。而这些精准流量正是推广公众号需要的。

越是精准流量越有价值。尤其是对于一些高度专业细分的领域，比如矿业法律，可能粉丝想关注更多这类账号而难以找到，而自媒体运营人想获得更多的精准流量又不那么容易。这个推荐机制，把双方撮合到了一起。

如何利用机制为我所用？首先要确定内容是否有较高的专业垂直性。垂直性越高，推荐机制的赋能价值就越大。

这些精准流量，和通过其他途径获取到的精准流量一样，需要从微信公众号引流到个人微信号，形成私域流量，进一步运营转化。

视频号，有重要战略意义的自媒体阵地

如今的律所运营视频类自媒体，普遍采取的是抖音首发后，视频号、快手、微博视频、小红书等账号一键分发的模式。殊不知每家平台的底层运营逻辑是不一样的，如果预算和人力允许，却因为不了解平台流量推荐机制不同，而用同一套视频"包打天下"，会大大影响品牌流量曝光和本应拥有的转化能力。

抖音之外的视频自媒体平台，视频号是最特殊的一个。视频号不应被孤立地看待，只有把它放到微信传播生态中，从微信系自媒体矩阵的角度视之，它才能真正爆发出属于它的生命力。

从视频号的入口设置就能看出该平台在流量推荐机制上与抖音的完全不同。在微信里点击"发现—视频号"，最上方从左到右的三项分别是"关注""朋友"和"推荐"。这个顺序，非常清晰明确地表达了视频号平台在流量推荐配置上的思路。

在"关注"栏，网友能看到的不仅仅包括他已经关注的视频号内容、系统自动推荐给他的视频号内容，还包括他关注的微信公众号主体开设的视频号内容。所以，视频号特别适合已有微信公众号且已有一定粉丝基础的人或机构去开号运营。如果微信公众号有10万粉丝，则视频号自开号起，就有10万人能通过"关注"栏看到系统自动推荐你的视频号内容，即使他根本没有关注你的视频号！这对于零粉丝冷启动的新开账号来说是极大的红利，也是微信生态特有的赋能价值。

"朋友"栏，体现的是视频号流量机制的最大特色。视频号采取的既不是第一代自媒体平台的纯粉丝机制，也没有照抄抖音完全依靠算法的机制，而是独创了"点赞裂变推荐机制"，作为流量推荐的核心机制。

所谓"点赞裂变"，是指视频号内容如果被点赞，那么点赞者的好友将都能看到这条视频。利用好视频号的这一核心机制，对拉升流量至关重要。在开设账号时，与视频号对应的微信个人号，尽量用使用多年、有一定好友数量的老号。视频号发布内容后，账号运营人应第一时间给视频点赞，使得微信好友也都能看到这条视频。如果账号运营人的微信好友看到视频也点赞了，那么其微信好友也都可以看到这条视频，以此类推，类似于朋友圈的裂变效果。

最后说"推荐"栏。这里的推荐指系统推荐,但它与抖音算法的最大不同在于,视频内容获得的点赞数是流量推荐的最大权重。如果某条视频获得的点赞数多,那么系统经过数据计算分析,给这条内容推的流量就越多。平台会在你发布视频后,定期统计视频获得的点赞数,计算点赞数与视频号对应的微信好友人数的比值。根据测算,当这个比值大于2%时,视频会被系统判定为优质内容。不少优质视频会在这种类似于朋友圈裂变的过程中,在视频发布的 72 小时后被推上热门。

视频号确实非常适合律师行业运营。在律师行业,个人微信号私域运营的重要已成业内共识,相比其他行业,更被律师行业的人重视。而相对成熟的微信私域,对视频号传播力的迅速提升非常重要。此外,视频号也能满足律师行业对精准流量的需求。也可以通过向目标人群求赞的方式,提升视频的精准流量推荐。比如某条视频内容是做给律师同行看的,那么如果有更多的律师同行点赞,这些律师同行的好友就都可以看到这条视频。而"律师同行的好友",必然有较大比例也是律师,从而形成对精准流量的裂变效果。

作为微信生态的一部分,视频号在用户标签体系方面有明显的优势。充分利用好用户标签体系,无论是对获取更多流量还是做目标人群精准传播,都非常重要。通过视频号后台,运营人员可以充分了解用户的基本信息和行为习惯,了解他们观看短视频的各种偏好。比如粉丝如果多数会在晚上8点刷视频号,那么视频发布时间或直播时间就应该尽量安排在晚上8点。

视频号的流量本质,是私域与公域的融合。因此,如何更好地将微信生态中的微信个人号私域、微信公众号和视频号充分整合,是运营者必须深思熟虑的。在微信公众号里,会出现对应的视频号且可以直接关注;在视频号中也可以找到对应的微信公众号,同样可以关注。微信公众号文章和视频号内容都可以通过个人微信的朋友圈、微信群进行分发。视频号可以加入公众号文章链接,这不但可以让公众号文章获取更多曝光量并增粉,同时更是可以实现微信公众号文章与视频号内容的相互配合,从图文、视频两个维度多层次多角度地传递品牌信息,并从两个端口同时为个人微信号导流,为案源转化做准备。视频号直播,也是运营视频号必不可少的环节,这部分后面专节讲述。

视频号机制上的特点,也给律师的自由创作带来便利。在完全依靠算法的自媒体平台,为了迎合算法,往往是爆点前置,超快节奏。为视频号做原创内容,可以根据视频号平台的特点,并结合品牌建设的需要,创作更有深度、有一定时长的内容。很多律师平时工作忙,时间紧,保持创作的高密度难以实现,但在其他平台,如果内容发布缺乏一定的密度,时间长了平台会给出低质量评价,对流量推荐产生影响。而在视频号平台，独特的机制让律师可以进行低密度、高质量的创作。

运营视频号，"粉丝"权重被有意淡化。仔细观察会发现，除了作者能看到粉丝数，外界是看不到的。而粉丝数量的多少，对流量的加成作用也不大。也就是说，入局早不早不重要，是否已经成为大号也不重要，谁在整个微信生态环境里"树大根深"，有无从个人微信号、微信群到微信公众号成熟充沛的传播闭环链条，才更重要。这让视频号非常适合冷启动模式。

目前视频号仍处在红利期，竞争尚不激烈。作为流量增长的新平台，值得更多的律所、律师关注。长远看，视频号是值得提前布局的重要自媒体平台。

律师个人朋友圈传播的价值和玩法

前文说过,传统营销领域有"七次法则"之说,潜在客户至少要七次在看到某个产品或者某项服务的市场营销信息后,才可能考虑发生购买行为。而最便捷迅速的传播方式,就是微信朋友圈传播了。所以,律师做好朋友圈传播非常重要。

那该怎么做呢?下面详细介绍。

先说个人微信号设置。

微信名称,最好用真实姓名,可以再加个后缀,比如:"××(姓名)律师""××(姓名)|××(律所名称)律师""××律师|××(律所名称)""××律师|××(所在城市)""××|知产律师"等。有些律师喜欢将手机号码写在微信名称里作为后缀,笔者认为不太有必要。笔者微信私域里有3万多名律师,凡是律所主任或高级合伙人、知名律师或比较资深的律师,没有加电话号码在名字里的。还

有些律师居然和某些销售员一样，在微信名称前面加个"A"，自作聪明地让自己的微信排列在所有人的最前面，其实这是个很掉价儿的做法。

微信头像，最好用专业的形象照。用模糊的照片、一寸证件照这些显得不上档次。同时，要慎用风景照、动物照、动漫照和与职业身份不符的个人生活照。

背景图，可以用个人生活照、工作场景照作为微信头像的补充或呼应。

个性签名，要么不加，要么放一句话个人介绍，要么可以写一句能反映个人价值观的话。

"地区设置"也值得一提。很多人忽略了它的重要性，其实对不了解你的人来说，你把地域设置在哪个城市，对方就会认为你是在哪个城市执业，所以，设置真实的地理位置信息非常重要。有些律师就是喜欢不按常理出牌，非要设置一个不真实的地理位置，潜在客户根本不能了解律师到底在哪个省份甚至不知道是否在国内，这种做法对获客非常不利。

然后说说朋友圈该发什么内容。笔者认为可以归结为几大类：专业输出类、工作动态类、成绩荣誉类和个人生活类。

专业输出类，主要指自己撰写的法律文章等。其实，也包括转发别人文章时你写的评语。有些人，转发别人文章时习惯只转不评，这么做就大大降低了传播意义。转发别人文章的时候，自己的评论是否专业、有见地，足见个人水平，不要放弃这个展示自我的机会。

工作动态类，包括去法院开庭，去看守所会见、参加专业论坛等。

成绩荣誉类，既包括荣誉证书、奖状、奖杯、机构评奖，也包括客户好评反馈（感谢微信截图、锦旗等），还包括给成功案例撰写的小故事。

在这里值得一提的是，如果执业于知名律所，知名律所的品牌资源值得律师好好利用，比如大气上档次的办公环境，律所悠久的历史和以往成绩，同事的专业实力等，律所里现成的宣传视频、律所公众号、内刊等，也都是可以共享的品牌资源。

个人生活类，在朋友圈里晒晒也非常必要。前面，客户看到的都是律师工作的一面，或者说身为"律师"的一面。但作为"普通人"的一面，他们没看到。换句话说，看不到"人情味儿"。在朋友圈里穿插记录生活，展示的是鲜活的自己。你的笑脸，你在生活中的某一行为，都代表了你的性格、情趣和价值观，可以让客户对你这个人有更完整更真实的认知。这些，会触发潜在客户的情感共鸣。如果没有这些个人生活记录，你在客户心目中的面孔是模糊的，反而不利于获客。

但要注意，有关吃喝玩乐、个人爱好的内容，尽量放在周末或非工作时间发布，不要给客户留下大白天不务正业的印象。另外，就是不要在朋友圈抒发负面情绪，比如某个客户很难缠、疫情让成交减少了以及个人生活中出现的各种负面情绪。

完美的朋友圈状态是：我挺忙，但很好；我很强，且有用；我这人很有趣。

作为律师，一定要有控制情绪的能力。悲观、负面的表达会伤害品牌形象。与律师身份不符、对品牌建设不利、不利于获客的内容，最好不要发朋友圈。记住，如果希望朋友圈有内容营销属性，那朋友圈就不再是个人的精神自留地。

说完内容，再说发布形式。传播效果上，根据以往实践总结，自拍＞1句话＋1图或多图＞1张图片＞1句话＞一句话＋转发（这个公式值得记住）。文图比 6∶4 为宜。

什么时间发朋友圈最合适？一般来说，晚上六点是最佳时间段，其次是早上或午休时间。

频次上，最好每次一条为宜。不要刷屏！笔者微信里有位律师，经常不发是不发，一发就是七条以上。这是非常不可取的，对个人品牌形象是负效果。

第4章
其他自媒体平台的运营价值

快手，运营成功后有稳定持续的品牌收益

快手不是视频类平台第一把交椅，但很多律所、律师都悄悄从快手平台上得到了实惠，闷声做着转化。通过交流，以及律所新媒体运营人员普遍反馈，快手的案源转化效果是要超过抖音的。

快手是相对去中心化的自媒体平台，虽然也是算法化平台，但更偏重于粉丝机制，重视社交关系。粉丝黏性高正是快手平台转化效果更好的原因。从用户群体上看，快手用户相对集中在三四线城市，法律、教育、医疗等优质服务资源相对稀缺，而这恰恰给了很多律所（如拆迁律所等）很好的线上获客机会。

在重视粉丝的快手平台，冷启动期间，如何在零粉丝的情况下实现流量的突围，是能否做好快手账号的关键。快手平台的系统推荐流量只存在于视频发布后的几天之内，而不像抖音视频，会在很长时间内持续有系统推荐流量。所以视

频发布后，必须迅速拉升平台推荐流量，否则就失去了流量增加机会。

目前，一些律所采取的是简单粗暴的流量投放方式。视频发布后，根据系统推荐情况，考虑是否付费进行流量投放，通过"花钱买流量"的方式解决运营初期的流量困境。

其实，如果账号运营方具备成熟的私域流量，通过微信群、QQ群、视频号转发等方式，不但可以免费揽取初始粉丝，还可以迅速为账号增粉。在账号积累到1000个基础粉丝时，流量通常会达到一个新的级别。

微信群、QQ群、视频号转发，对提升平台推荐流量也至关重要。快手的推荐算法看重播放量和互动数据，其中评论数最关键。所以，在视频发布后的几个小时内，在微信群、QQ群、视频号等私域中迅速分发，是第一时间冲上热门的有效途径。

运营人员还可以利用快手平台上的"说说"和"群聊"功能，帮助账号进一步增加粉丝互动和黏性。不少快手账号会利用"说说"告知粉丝自己的动态以及预告直播时间，而"群聊"功能则主要用于与粉丝的深入沟通及进一步转化。

此外，账号运营人员还应该利用评论区充分和用户互动，积极回复粉丝留言，刺激引导更多人参与互动，尽量避免发出的视频零评论。直播互动不但是促进账号活跃的有效方式，更是快手账号实现转化的关键。关于直播的话题，后面专文介绍。

推广手段固然重要，但视频能否成为爆款，内容仍是根本。做快手视频，必须高度重视视频封面。竖屏制作是必须的，视觉冲击力也是最好的；封面最好有人；色彩要鲜明，字体与背景形成强反差；标题要简洁。在内容方面，快手视频应更贴近生活，突出人物，演员的言行可以略夸张一些，声音也可以抑扬顿挫，视频上的文字信息也力争更加吸引眼球。尤其值得注意的是，如果视频发布后效果不好，尽量不要删掉重发，再次发布可能被认定为非原创。快手对原创度要求高，平台的误判对账号的流量权重会产生不利影响。

总之，快手是一个短期内难以快速增粉的平台，需要一定的耐心。但一旦账号运营成功，流量和转化效果会相对平稳，可以给运营者带来持续稳定的品牌收益。

知乎，有办法让你感受到它"有价值又不重"

律所也好，律师个人也罢，在知乎平台下力气的不多。一些人抱怨运营知乎账号"太重"，文章写得老长，还没几个阅读量，性价比低。其实不然。如果掌握了知乎账号的运营规律，它对律所、律师都是颇具价值的平台。

知乎的推荐机制是，发布一篇回答或文章，系统先推送给少量人"小范围测试"，判断内容优质标准是赞同、反对、喜欢、收藏和分享的数量以及赞同与反对之比。经过测试，如果平台认为内容优质，会继续向更多的人推送该文章。

你写的回答、文章，系统也会推送给关注你的人。如果这些粉丝对你撰写的内容点了赞同、喜欢、收藏或分享，其关注者也会继而看到他的动态，形成类似于裂变的效果。

更值得重视的是，知乎给每个账号设置了不同权重。创作等级、优秀回答者、付费会员、盐值高的用户和实名认证用户，都可以给账号加权。而权重是分领域的，比如账号在法律领域权重很高，但该账号回答的是一个娱乐圈的问题，那么仍会被系统判定为低权重。

上面说的基本算法机制，会受到账号权重的影响。如回答的排名，赞同与反对之比，喜欢、收藏和分享的数量，这些都是排位标准，但不是绝对的。排名同时也取决于每个回答问题的用户的权重，以及对你作出赞同、反对、喜欢等表示的用户的权重。

说完推荐机制，下面介绍如何在知乎平台创作内容。

首先，账号要有精准定位。比如定位在法律领域，那么其他领域的内容就不要去写了，保证账号的垂直性。

做好账号定位之后，开始策划选题。知乎的内容主要分为对问题的回答和文章。无论是回答问题还是写文章，想在知乎平台获取好的流量效果和品牌传播效果，内容不能过短，而且必须是纯干货，这就决定了内容创作方面确实"比较重"。客观上要求创作者必须在选题上做足功夫，保证每个选题都是"值得写""有人看"的。

如果是回答问题，那么首先需要精心寻找值得回答的问题。这些话题必须有足够的浏览量，同时话题发布时间不要过早。浏览量超过5000人、回答不多且问题发布时间在一年内的，显然更值得作出回答。

不少人不愿意在知乎平台撰写原创文章，认为浏览量有限。其实，在知乎平台发布文章的核心价值在于获取百度收录。知乎文章在百度等搜索引擎的收录率要强于很多平台，通过这种方式可以实现精准品牌曝光。但前提是运营人员要善于在标题和正文中嵌入特定的关键词。在当事人有需求的时候，大都会在百度上主动搜索相关信息，而这些持续发力的知乎文章，可以实现精准触达的效果。同时，文章在知乎平台站内也是可以实现精准触达的。发布文章时，应注意填上三个"话题"。这样，文章发布后，三个"话题"的关注者就都能看到文章了。

另外，在寻找、策划知乎平台上的问答选题和文章选题时，也可以同时考虑一下内容是否值得同步到其他平台分发。知乎平台有一定的特殊性，其他平台的内容在知乎上一键分发，会显得不伦不类，效果很差，几乎没有流量，但在知乎首创的内容，一键分发到其他平台，通常没有违和感。

在知乎平台上直接获客，确实困难。从转化效果上说，知乎平台应被视为流量池。通过法律知乎账号吸引用户关注后，应通过各种手段，将流量导入私域，在私域中实现案源转化。关于知乎账号运营，有两点值得注意：

一是,账号昵称不要有生僻字,尽量带上"律师"两个字,并直接写出擅长的领域,并留下联系方式;

二是,给自己设计一段简介,简介带关键词,方便客户检索关键词时能找到。设计好与目标客户有关的关键词,放在每个回答的最后。回答积累到一定数量,用户在百度上搜索特定关键词从而看到文章的概率就会大增。

掌握微博运营技巧，新号仍能瞬间流量爆发

在抖音等新锐平台领风骚的时代，微博逐步被人淡忘忽视。如今，不少律所仅仅把微博作为一个只做"一键分发"的平台，把为其他平台原创的内容直接复制粘贴到微博发布，但传播效果几近于无。

如今，微博确实不再是当年那个热火朝天、风头正劲的微博。但如果仔细观察会发现，仍然有很多活跃在微博上的法律大V，尤其是来自二三线城市的新锐法律KOL，他们已经占据了微博法律类流量的很大一部分，实现了品牌曝光价值。

微博的最大特点在于它的"信息瞬间爆炸"能力，从自媒体发酵起来的热点事件，源头多数是微博。这是其他自媒体平台都不具备的能力。

微博是典型的全开放性公域自媒体，不像微信公众号文章那样，靠公众号粉丝（定向的）传播和朋友圈、微信群

(半公域)传播。而这正是微博内容能够实现"信息瞬间爆炸"的原因所在。

对于那些在新媒体品牌传播方面有余力的律所,或精力比较充沛的律师来说,微博仍然是一个值得用心运营且能得到品牌回报的平台。

很多人认为,做微博新号太难了。诚然,运营好微博号确实不容易,但也有方法可循。而运营微博号的方法论,与运营其他自媒体号有很多不同之处。

运营好微博号,对内容的规划和设计是关键。

账号运营的准备阶段,应提前确定好账号运营的品牌目的,进而在账号名称、头像等基本信息方面保持品牌调性的一致性和鲜明性。形象越鲜明的账号,在微博的舆论场中越容易被大家所关注。

微博账号要有发布频次和发布内容上的明确规划。一阵一天发十条,一阵十天不发一条,这种无发布规划的做法不利于账号成长。

同一内容的微博文案,内容展现形式不同,流量效果也会明显不同。流量效果由强到弱的链条为:短视频>图片>

文字。在图片传播方面，九宫格是经过实践检验效果最好的图片展示方式。

发布的内容应注意垂直性，不要无论热榜发了什么都冲上去抢热度，而应主要专注本领域的内容或能从本领域视角进行解读分析的内容。为了追求流量而追求流量没有太大意义，要让流量为品牌传播目的服务。

此外，运营微博不但应做到内容上的垂直，微博关注的对象也要做到尽量垂直，如果一个律师账号日常关注的都是美女账号和搞笑账号这些与内容完全无关的账号，账号的垂直度就会受影响，进而影响微博的算法推荐。

想尽快提升阅读量，有三个捷径：一是在热搜榜上带话题发内容，二是带超话发帖，三是微博被大V转发。

发布带有"♯"的话题内容，可以让微博内容进入话题页，如果内容优质，很可能获得比以前多得多的曝光。所以，每天关注微博热榜是一项重要的基础性工作。对于一些没有主持人的微博话题，可以申请当话题主持人，如果申请成功，曝光量会大大增加。

如果想借助于热榜实现流量最大化，必须要让微博内容尽快被平台收录。很多人不知道，即使在微博内容中带"♯"加了话题词，内容可能也不会出现在某条热榜内容的"综合""实时"或"热门"栏，如果不能被收录到这三个栏目，"蹭热榜"获取流量的目的就实现不了。

所以，正式接手运营前需要先测试一下账号情况，针对一条热榜内容做跟进，然后看账号发布的内容能否被收录到这条热榜内容的"综合""实时"或"热门"栏。如果不能，那这个账号必须先经过一段"养成"的过程。

"养成"的方法并不难，一是需要每天发布原创博文；二是其间尽量不转发别人的微博内容，账号运营初期，只有纯原创的内容才能增加账号权重；三是不能有违规行为，最常见的违规行为是在微博中加入外链（非新浪系的链接），加外链的微博不但不会有好的阅读量，甚至账号可能被限流，更会影响到账号权重；四是完善账号信息。一般来说，坚持每天发原创内容，几周之内账号就可以成为"实时号"。

"蹭热榜"虽然有很好的获取流量效果，但由于看热榜的网友形形色色，通过这种方式获取的流量并不精准，对账号增粉帮助不大。

能获取精准流量并更有助于增粉的做法是，在特定的超话发文。超话社群聚集着对某一个特定话题、某一类特定领域感兴趣的人，如果选择和自己本领域相关的超话进行发文且内容优质，很容易被超话社群里的网友关注，并形成良性互动。而且，热榜发文的流量增长一般只有几天，而超话发文的流量增长有长尾效应。

得到微博大 V 关注、形成互动，有时候也没有想象中那么难。除了文案要用心、走心、有独特性，通过文案表达出的观点、思维方式等是否与大 V 契合，也很重要。律师类账号是有一定社会地位、代表了法律专业性的账号，更容易被大 V 尊重。

运营微博，促进互动也是一项重要工作。所以，在微博平台创作，要注意尽量让内容具有讨论价值和互动价值，让网友看到后有想表达的冲动。

运营前期互动量不大，有人转发微博或评论，就要力争做到条条回复，和粉丝形成交流。和你多次保持交流的粉丝会成为铁杆粉丝，继而引来更多粉丝关注。

转发评论点赞抽奖，是与粉丝互动的有效方式。微博抽奖平台是微博官方的抽奖工具，在参与规则上支持关注发起人、好友、同时关注他人等筛选条件，以满足使用者传播营销信息、增加粉丝的需求，抽奖活动受微博平台全程监督，抽奖的公正性有保障。活动奖品支持实物奖品、虚拟卡券、现金和微博会员四种类型。

除了和粉丝互动，与其他微博博主互动也很重要。一家律所，将律所官方微博和所内律师微博形成传播矩阵，是很有效的拓展影响力的方式。账号运营者也可以平时多关注其他有价值的法律微博账号，加强联系与互动，大家一起共同发展。

如果你是女律师，或以女性为目标人群，入驻小红书吧！

很多律所和律师，陆续入驻小红书。小红书用户以女性为主，女律师以及以女性作为目标人群的律师、律所适合运营小红书，获取精准品牌曝光。

小红书的流量主要集中于"发现页"的推荐栏，以及在搜索框输入关键词产生的流量。而无论是算法推荐流量还是搜索流量，想提升流量的关键，是深入理解小红书的标签机制。算法推荐类流量，平台会根据账号的标签和内容的标签以及主账号设置的话题、关键词，给内容打上标签，先推送给拥有同类标签的一小部分用户看，之后根据这些用户的转发、点赞、评论、收藏等互动行为数据，判断是否继续推送流量、推送多少流量。搜索类流量，平台会将用户的搜索词匹配给相应的内容，对于被匹配到的内容作者而言，这个过程就是实现了曝光，获取到了流量。

让平台给账号和内容打上精准标签，实现平台精准推荐，有以下方法。

让账号拥有精准标签，就需要在新账号入驻时勾选对应的领域，注册后经常浏览其他账号同领域的内容，给其中优质的内容做点赞、收藏的动作。

内容被平台推荐给用户的过程，是平台算法将内容拆解成若干关键词，再从用户标签库中选择对应人群做分类推荐的过程。让内容拥有精准标签，就要在发布内容时选择和内容相同的话题，在标题和正文中反复注入和标签相关的关键词，同时让图片和标签匹配，图片中的文字也与标签相关。

其中，标题中的关键词最重要。想最大程度实现搜索流量，就要在内容的标题、正文、话题、图片中的文字等处反复植入核心关键词，注意关键词布局。搜索的排名则是由账号和内容的权重决定的，想获取搜索流量就必须保证内容的原创性，同时有不错的推荐流量和互动数据。

律师、律所要善于利用搜索的关键词、热词推荐来帮助找到核心词，这些都是流量的聚集地。同时，补充联想关键词是日常策划选题、保证内容精准流量的有效方式。如"离婚"这个大词，在搜索栏搜索后，可以看到"离婚流程""离婚财产分割""离婚需要准备什么"等下拉词，围绕这些可以确保创作的内容是小红书用户更关注的。

创作内容时要注意，文字内容要围绕关键词展开！可能你会认为这有碍表达，但即使表达略受影响，也比洋洋洒洒痛快淋漓写半天，平台根本不给推荐流量强。

如今，小红书给视频的流量扶持更多。但个人认为，拍摄制作非常精致讲究的视频，并不适合绝大多数律师、律所。相对于企业，律师行业在品牌营销方面的预算是非常有限的，精致讲究的视频虽然能获取更多的流量，但从实践看，在案源转化方面未必有对应的倍增。也就是说，律师、律所做精致讲究的小红书视频，性价比不高。仍然是制作简单、成本低廉的口播普法类小视频，对律师、律所来说成本收益率更划算。

文字内容方面，文本上限是1000字，但不建议内容过长。过长的文字容易提升算法打标签的误判率，反而会影响流量的精准推荐。但内容如果过短，推荐量也不会高。一般来说，字数在300字至800为宜。不少法律小红书账号将内容做成图片，也是一种不错的选择。

小红书平台一些独有特点也值得重视。比如，小红书的用户以女性为主，决定了小红书是最注重"美"的自媒体平台。不美观的东西，在小红书平台基本不会有好的流量。因为注重"美"，小红书平台高度重视视觉元素，图片、视频的质量是否优质是流量权重之一。在小红书上创作，好的封面图是获得好流量的基础。

美团、大众点评、淘宝、拼多多、百度地图、高德地图……

如今，律师不但可以开设自媒体做内容获客，还可以在美团、淘宝这些平台开店，通过店铺运营获客！

美团、大众点评、58同城、百度地图和高德地图等生活服务类平台都开启了法律服务板块，有律所、律师悄然入驻。目前，无论是律师、律所入驻率，还是转化效果，美团、大众点评都是佼佼者。

对于一些不算太大的法律纠纷，当事人更愿意就近找律师。这就给生活服务类平台带来了新的商机。其中，美团、大众点评流量大，具有天然优势。

美团基于地理位置的需求，客户基本上都是本地的，且在律所周边附近，这种天然的优势，造就了成单率高的特点。另外，团单价格普遍很低，几十块到几百块，购买决策周期比较短，好成单。

目前，美团、大众点评的法律服务类搜索量一直在增长，但律所入驻率还不算高。据多方了解，律师通过美团等店铺获取本地客源，最终成交率还不错，转化成本也比搜索引擎竞价推广便宜。总的来看，潜力较大，竞争很小，性价比高。

入驻到美团、大众点评，店铺运营动作必不可少，运营店铺前必须要充分了解美团的产品逻辑。在美团、点评平台做运营，交易数和评价管理是重点。只有把交易数做上来，通过优质的服务提升好评数量，才能让律所美团店铺生意红火起来。而这可以利用低价策略和投放推广通策略实现目标。

运营店铺，"门面"打理好非常重要，也是运营工作的基础。头图、轮播图必须醒目、用心、讲究。办公环境、人员情况、当事人送来的锦旗和各种荣誉，都是值得展示的，必须要让当事人看后眼前一亮，进而促进成交。

文案设计必须足够吸引眼球，建议从当事人需求的角度出发设计团单，把干涩的法言法语翻译成通俗易懂的大白话，比如"欠钱不还"，而不是按照法律领域简单地分为"刑事案件""民事案件"等。

运营店铺，就要经常更新团单。上新的团单，标题中包含热搜词、新增笔记等都会提升店铺权重。把团单中的几个服务项作为重点力推，交易量迅速做大，会对店铺的流量和品牌美誉度都产生积极影响。

美团的推荐机制主要是基于地理位置，并适当结合账号权重等其他因素。也就是说，只要你的店铺运营还可以，就可以通过"地利"，获取到一部分附近美团用户的咨询和下单。

律所入驻电商平台开店也早就不是新鲜事。如今，拼多多、京东步淘宝后尘，允许律所入驻平台开店提供各种法律服务。

做得最早、入驻数量最多、成交最多的平台是淘宝。目前律所在淘宝平台上开店，提供的法律服务多半是法律咨询、文书代写等引流产品，但一些律所已经通过电商店铺运营打通了淘宝系的流量密码，通过淘宝店铺获客数万件，成为案源引流的一个新端口。

百家号、网易号、搜狐号、36氪、雪球……

百家号、网易号、搜狐号、36氪、雪球等平台账号，不是自媒体运营的主流账号，因此被很多律所忽略。但实际上，通过一键分发等方式，在这些平台上做适当的运营，很可能收获惊喜。

从流量角度、转化效果看，百家号、网易号和搜狐号难以给运营者带来太多回报。但这些账号的百度收录效果都不错，一些权重高的账号，百度收录率和百度收录的位置甚至超过了新闻媒体的发稿。而这就是运营这些账号的最大价值！

尤其是百家号，属于百度系传播生态矩阵中的重要一分子，有百度的扶持，在百家号发布的文章将优先被百度收录。当然，如果想尽量实现好的收录效果，内容必须要保证原创性。

如今，不少平台都可以设置自动一键分发。这给运营提供了便利，使得运营这些账号的成本很低。

36氪、雪球等财经类平台，阅读者都是关注财经的商务人群。从事B端服务或以高端商务客户为主的律师、律所，值得入驻到这些平台，给自己的精准传播开辟一条新渠道。由于目前这些平台上律师很少有入驻，律师在上面发布的优质内容，很容易获取更多的关注。

这些财经类平台，财经方面的内容做得很专业，但缺乏法律视角下的财经内容，而这恰恰是律师的强项，弥补了这些平台的内容稀缺。

第 5 章
网上直播：律所营销的
有效新手段

选哪家平台直播，要根据律所实际需求而定

近年来，直播成了很多律所品牌建设的新标配。直播，不但有品牌传播价值，更有很强的案源转化价值。拆迁等专业化律所已经尝到了直播带来的营销红利。

直播是一种品牌营销手段，也需要先明确定位，确定目标人群。

想清楚了这个问题，才能谈得上如何选择直播工具。

多年前曾流行一时的微信群直播，已经很少有人采用了。微信群语音直播，操作简单，只要有微信群在，就可以直播。

微信语音每条最长只能发60秒，需要一条条发送，群友也只能逐条收听，体验感差。直播者也不方便边讲边解答群友的问题，因为那么做直播的连贯性会被打断。更重要的是，微信群"一条条蹦语音"的直播方式，难以得到

群友持续的注意力关注，一些人可能听着听着就去做其他事情了。

如果律所直播面对的人群是C端客户群体，抖音、视频号和快手这三大自媒体平台适合作为直播载体。这三大平台的好处是用户量大，服务器稳定，一般不会卡顿或崩溃，进入门槛低。对于一些成熟账号，平台还可能会给予官方推荐流量支持。

抖音平台有海量流量，算法功能强大，具备很强的精准标签分发能力，能够让律所在直播过程中不断获得对应的新粉丝；快手对于拆迁等一些特定垂类律所来说，直播形成的粉丝关注度和吸引力大，案源转化效率好；视频号作为腾讯系产品，更容易与个人微信号、微信群、微信公众号打通，更有利于开展直播前的活动预热和直播后的粉丝转化。

如果选择这三大平台直播，就要对平台的用户属性、算法机制等提前做足功课。每家平台运营特点都不一样，只有围绕平台特点去运营，才能达到传播目的。

由于抖音等平台用户基数大，又有强大的算法推荐能力，律所、律师可以通过付费流量投放的形式，给直播间导流。

但这三大平台由于都不是专业的课程直播平台，一些功能不具备，比如无法上传PPT，直播课程不支持回看等。对于付费类培训、更专业化系统化的的课程讲授，平台显得力不从心。

如果目标人群是法律同行或B端的专业垂直用户，不需要流量的广域，而是更需要受众人群的精准性，专业的课程直播平台可能是更好的选择。

专业的教育平台如千聊等，可以实现语音、视频课程上传、直播、录播、上传PPT课件等一系列培训向传播，具备用户管理功能，也支持直播回看，同时平台自身也有一定的流量基础，课程也可以放在平台商城进行推广，具备一定的引流效果。

小鹅通是一款为知识内容付费提供专业解决方案的工具产品，适合用来打造系统全面的培训课程，可以实现所有的知识付费形式，如图文、音视频直播、录播、电子书等，营销工具和客户管理工具都很强大，可以接入微信，支持直播回看。

千聊作为综合性平台，对法律专业方向流量支持有限；小鹅通作为一款工具产品更是不带流量加持。这也是此类平台普遍的问题。在这些平台发起直播，主要靠律所自己去推广引流，同时需要成熟的直播运营推广团队支持，才能保证品牌营销效果。

法律专业类培训授课平台，如今比较有名的，有法律名家讲堂、智拾和智元等。对于大咖培训课程等平台高度认可的培训课程，平台会通过首页曝光等途径给予流量支持。

这些做法，可提高观众停留时长

选择好直播平台后，前期准备工作必不可少。一场好的直播，必是经过精心准备的。即便没有课件，也必须提前准备大纲。

律所开展直播活动，除了主播之外，要提前做好人员安排：主播助理至少一名，负责直播测试、直播实时监控、直播视觉美化、直播间包装美化等；品牌文案人员负责宣传物料策划制作；客服人员负责客服对接与咨询服务；社群运营人员若干，负责社群引流等工作；视频拍摄剪辑人员以及灯光师、控台师若干，配合直接工作；化妆师负责主播妆容等。

直播内容提前准备好了，人手齐备了，需要开会敲定传播方案。

直播的主题需要提前确定。过于狭窄细碎的主题会影响受众的广度和兴趣度，但也不能过于宽泛，让别人根本不知道直播到底和自己有没有关系，如"民事案件中的若干问题"。有明确性和一定的聚焦性，且又不过于狭窄细碎的主题，往往是观看效果最好、转化效果也最好的，如"遭遇非法强拆，如何通过法律手段维护权益"。

主题确定后，直播人员需要提前准备提纲、PPT，主题分成几节展开，分解为哪些具体问题，是否加入实际案例，这些都需要提前确定，有时间的话可以自行预演一遍。

直播预热工作非常重要，这是直播间人气多少的关键和基础。预热，需要提前制作海报，通过自媒体全平台以及微信群、朋友圈等私域途径有效分发。直播预告的标题极为重要。一定要让标题的表达清晰明确，一看标题就能明白主要内容是想讲什么，和自己的利益是否相关，这样才能保证对精准人群的有效触达。否则，没人会愿意为一场和自己无关的直播浪费时间。

封面图也必须足够重视，图片必须是高清图，有足够的视觉冲击力，不能带有任何广告营销味道。

测试环节必不可少。无论使用哪个平台，采用何种形式，都必须先测试后直播。其中包括：直播主播的账号是否可以正常登录，PPT以及PPT工具是否一切正常，直播画面是否需要调整，音量是否清晰适中等。

直播前，主播助理需要提前 10 分钟进入直播间讲解注意事项，将注意事项的文字发到公屏上，这样可以将一些观众在直播开始后因音量、画面、流畅度等问题而询问的问题，化解在直播开始前，保证直播不被这些问题影响。同时，主播助理要提前将要用到的轮播图、宣传图、导购图等一系列图片准备好。

直播开始后，主播必须意识到，线上直播的观众远比线下活动的听众忍耐力低，对着手机画面注意力不容易集中，很容易被身边的人或事影响。这就要求直播内容必须主题清晰明确，内容精炼紧凑、干货满满。

一场直播，讲授的时间最好不超过 1 小时，最后留出几十分钟互动时间。主播助理必须实时关注评论区，提示主播回复大家提出的提问，并将有代表性、重要性的问题整理汇总，为最后的互动环节做准备。

直播过程中，良好的互动是必须重视的。直播是交互的过程，而不是单向的知识输出，否则品牌传播效果必然大打折扣。

在直播过程中，直播人员应不断地抛出话题，制造悬念，并利用各种语言技巧拉长停留时间。比如和刚进入直播间的观众打招呼也是非常必要的。

给听众设置回应符号。比如在每个单元环节，设计几个受众能普遍参与的简单问题，可以让大家用回复数字 1 或 2 等方式进行快速回复。同时，直播人应积极回答观众提出的问题，并引导观众关注、点赞。

设置抽奖环节也是有效增加观众停留时长的方式。比如开播送礼，在开播前的几分钟"欢迎来到直播间，送给大家送一份小礼物"；比如定时抽奖，整个直播过程可以安排数次抽奖活动，价格高的奖品放在整场直播后段。这些动作可以增加一定的直播推荐流。

直播后的复盘对提升未来的直播质量非常重要。如果有观众反映某个地方没听懂，下次就要注意将法言法语翻译成普通市民能理解的说法。直播到哪部分用户流失严重，就要考虑是否去掉这部分内容，或进行修改补充；如果哪个部分观众提出的问题多，则可以在下次直播时适当对这部分内容进行补充。

多种手段实现直播引流和用户信任递增

律所、律师做直播,终极目的是为了实现案源转化。直播人员应通过多种方式引导粉丝关注个人微信号或留下其他联系方式,为后续的转化做准备。否则,这场直播等于是只赚了些吆喝。

一场面向精准用户的直播,有经验的直播运营人员在制作预告海报时,上面的二维码留的不是课程直播二维码,而是运营人员的微信二维码,或需要客户填写身份信息的表单链接。表单包括用户姓名、电话、工作单位及职务等个人基本信息,以及客户希望通过直播解决什么需求。只有这方面的信息建设全面了,直播后的跟进和转化才能够主动。

但一定要注意,一些导流行为是被抖音等平台禁止的,屡次违规可能被平台永久禁播。哪些平台,有哪些营销导流的禁止性规定,直播前必须提前了解清楚。如抖音平台,直播过程中如果被系统认定存在线下导流行为,第一次会被封禁 10 分钟；之后连续两次发布违规视频，将被处以屏蔽视频处罚；之后仍不改正的，将永久封号。

在彼此陌生的情况下，尽管是面对普通的 C 端用户，案值不大，当事人也不会轻易直接委托律师作为自己案件代理人的。观看直播只是了解彼此的起点，直播方需要设置一系列的服务和一系列产品，提升潜在客户对律所的品牌美誉，逐渐增加其信任度，最终突破关系阀值，成功签约。

直播过程中与观众连麦，不仅能提高平台流量推荐、增加用户停留时长，也是增进好感和亲密度、提升信任的有效方式。

抖音、快手等平台都有"带货"功能，商品橱窗里可以上架律所或所内律师出版的相关法律书籍，或本所律师录制的视频课程。这些商品应保持较低的价位，刺激用户购买。在抖音等平台的账号页面可以写个人微信号，引导观众主动添加微信，进行有偿的法律咨询。

无论是观众的购买行为，还是有偿法律咨询行为，都意味着客户对品牌付出了一次代价较小的信任。如果这次信任付出，对方感到满意，由此带来的信任增进，是未来能够达成案件委托的基础。

第6章
如何通过自媒体运营实现案源转化

内容专业垂直，持续输出形成矩阵

应该说，拆迁、婚姻、交通等专业化律所以及司法考试培训机构，在利用自媒体运营实现营销转化方面，远远地走在了同行前头。实现自媒体营销转化，需要具备以下的几个条件：

一是，内容高度专业垂直。内容不但要专业，而且要始终只输出特定领域的内容，才能给人留下深刻印象。相反，今天写合同纠纷，明天写取保候审，后天写民告官，这样的法律自媒体很难给人留下鲜明的品牌印象。拆迁律所也好，婚姻律师也好，他们的成功，部分源于他们都只持续输出某个特定领域的专业内容。

二是，内容持续输出，形成传播矩阵。

自媒体营销转化做得好的法律机构，不是仅仅有抖音、微信公众号，而是早已形成了全自媒体平台矩阵。

持续输出内容、传播矩阵合力,目的都是不断地、多元化地触达潜在用户。

只有持续输出,才能保证潜在客户"这篇内容没看到,也能看到下一篇";只有形成品牌矩阵,才能保证潜在客户在这个平台看不到,在其他平台上也能看到。

自媒体品牌传播矩阵,是指首发在微信公众号的文章,应该改写后在头条号、知乎、百家号、网易号等平台分发;首发在抖音上的视频,应该在其他视频平台分发。

有"案源焦虑症"的律师、律所,期望发一篇稿子就成爆款,爆款一出当事人的委托就纷至沓来了,这是非常不切实际的。按照品牌营销规律,一个潜在客户只有在多次被品牌触达后,才可能最终成为真实客户。

做内容营销，SOP 思维要贯穿全过程

通过自媒体手段实现案源转化，SOP 思维必须贯穿其中。SOP，简单来说就是一套标准化流程，将流程中的关键节点细化、量化，形成业务流程闭环，最终实现营销目的。

律师团队通过线上手段实现案源转化，需要新媒体运营部门、市场部门、业务部门协同配合，共同实现。

新媒体运营团队，责任是从网络途径获取流量。流量的转化，应该由专门的市场团队承接。

算法机制下，粉丝是没有忠诚度的。如果没有第一时间及时回复粉丝的法律咨询，之后即便再回复意义也不大。根据各个律所总结的经验，粉丝的咨询在半小时内回复效果最佳，最晚不应超过两个小时。

流量转化团队也需分工，包括负责回复自媒体留言咨询的小组，负责接受电话咨询的小组，负责将从外部流量转化

来的微信号进行私域沉淀并做日常运营的小组，负责接待来访、谈案的小组等。

是否有专门的流量转化团队，转化团队的责任心和营销转化能力，以及部门之间的协调配合，都决定了转化效率的高低。

每个部门负责哪个流程环节，需要完成哪些关键数据指标，需要提前明确，制定出各自的KPI。只有这样，大家的工作才能围绕目标展开，在完成过程中才能不断通过磨合、细化、完善，让关键数据指标的完成能力越来越强。长此以往，标准化流程的稳定性和成熟度，将足以掌控每一条线索、每一场谈案接待，让案源转化率越来越高。

另外，值得思考的是：无论哪个行业，品牌建设也好，营销手段也罢，都建立在已经有了至少一个好产品的基础上。对于律师行业来说，它就是法律服务产品、服务的能力和综合实力。扎实过人的业务实力是一串数字最前面的那个"1"，所有品牌传播和营销手段都是后面的那一串"0"。

一些刚刚转型到律师行业的人员和得了"案源焦虑症"的老律师及部分律所，经常急切地询问如何通过品牌传播手段获取案源，以为只要做了品牌传播，案源就源源不断地来了。这种想法显然是不切实际的。

一定要先问问自己：业务方向是否明确？业务能力是否过硬？有没有需要尽快提升的地方？在业务已经过关的基础上，做个自我评估，判断哪些自媒体营销途径更适合自己。

第一章提到的品牌点位图也很重要。品牌不仅仅体现在传播动作上，也渗透在办公环境、团队结构、管理水平、人员素质等方面。比如着重宣传打造的专业领域是否真的有强业务实力支撑？成功案例有多少？有没有专业的客服人员、谈案人员？律所的综合实力如何，办公环境是否宽敞大气？

可以说，最终打动了客户的不是某篇文章、某个网络推广广告，而是整体上的品牌信任感。

第7章
与品牌传播有效结合，做好搜索引擎推广

如何多快好省地做好关键词投放策略

以百度推广为主的搜索引擎推广，是很多律所和部分律师获取线上案源的主要方式。绝大多数律所或律师做搜索引擎推广都是采用外雇专业人员的形式，因此，本篇只讲述如何通过数据统计分析手段调整投放策略、如何更有性价比地选择关键词等内容。

搜索引擎推广，也叫 SEM，属于投放型品牌传播。搜索引擎推广中值得投放的关键词主要分为以下几类：

1. 产品词

指某一类法律服务。如：法律咨询、刑事辩护。
特点：流量大，搜索意图明确，转化率较高。

2. 品牌词

指能代表某一律所的词，关键词中含有律所名称。如：某某律所。

特点：关键词流量低，搜索意图明确，转化率较高。

3. 通用词

如：法律、刑事案件、离婚。

特点：关键词流量大，用户搜索意图不明确，转化率较低。

4. 疑问词

如：拆迁官司找哪家律所？南京律所哪家最强？

特点：关键词流量大，搜索意图较明确，转化率较高。

做搜索引擎推广的第一步是先要确定目标客户是谁，希望通过推广获得哪些客户，然后由此策划关键词矩阵。而这也是律所负责人必须也要适当了解搜索引擎推广的原因所在。

毕竟，外部人员可能并不了解一家律所的优势、案源需求、团队情况等，如果开始就完全撒手交给外部团队，双方缺乏有效沟通，外部团队在不了解律所和真实需求的情况下做出的推广计划，是难以实现营销目的的，而这也是很多律所做搜索引擎推广效果很差的原因。

律所应该对不同关键词的特点和价值有所了解，根据律所实际情况和需求，和外部人员一起制订关键词投放策略。如果预算有限，建议主投产品词和品牌词，辅以小部分疑问词（一般疑问词的出价较低）。

核心关键词需要做扩展。可根据核心词的别称、简称、别字、缩字等扩展，也可根据产品的功能、属性特征扩展。

长尾关键字的挖掘和扩充，是关键词优化工作的重点。长尾词针对性强、竞争度低，运用得当可以大大降低搜索引擎推广的整体成本。

长尾词分为口语化长尾词和多重定语长尾词两类，前者是指网民的一些口语表达，如"我想打劳动争议官司""怎样才能提高胜诉率""一审败诉了怎么办"等。使用这类搜索词的一般为个人，搜索目的可能以信息获取为主，通常竞争度低，可以成为低成本补充流量的手段。

多重定语长尾词，如"青岛知识产权律师""上海郊区宅基地补偿标准"等。这种词通常转化率高，因为很多企业未去挖掘，竞争小，性价比高，值得扩展。

投放方在预算有限的情况下，还可以将竞价成本的间接关键词和关联关键词规划到投放计划中。所谓间接关键词，即和自己业务间接相关的词，竞争者相对少，但转化率不一定低；所谓关联关键词，指的是潜在客户在搜索和法律服务有关的词句之外，还可能会搜索的其他领域的词句。这些关键词的竞争性大大降低，如果设置得当，转化率可能带来惊喜。

投放过程中，一定要做好数据监测分析。比如，可以前期全时段投放，同时进行精细化数据监测分析，经过一段时间的数据积累，分析出哪些时段的推广效果最佳，从而对投放时间做出优化。不但一天之内的 24 小时投放效果不同，周末、节假日，数据都会反馈出一些独特之处。从地域来说，针对不同地域也会表现出不同的特点。这些特点均应及时捕捉，进而对投放策略进行优化。

进行搜索引擎推广，要善于利用各种网络工具做自己的"眼睛"和"耳朵"，如 5118 数据平台，对调整关键词投放策略有很大的参考价值。再如一些应用工具，有助于把疑似恶意点击的 IP 都屏蔽掉，避免无效支出。

最后，一定要保证投放关键词与落地页内容的相关性。实践中，有的律所因落地页制作不用心导致相关性不高，用户跳出率很高，形成大量无效的成本支出。

从品牌视角看如何增进百度竞价推广的转化率

由于广告法的限制，可供律所选择的广告手段并不多。目前常用的主要有搜索引擎竞价推广（主要是百度竞价推广）、信息流广告和法律服务平台广告等。

从结果上看，信息流广告还没有完全解决受众人群不精准的问题。目前最主流的广告投放仍然是百度竞价推广。

但公认的是，百度竞价价格越来越贵，但获客没有以前好了，ROI明显变差了。

这是因为，虽然百度竞价推广存在各种问题，但从结果来看，还是它最靠谱，受众人群最精准，因此越来越多的律所都挤在百度竞价推广同一个战场上互杀，百度竞价推广由此已成为律师业的红海。

百度竞价推广，已经进入一个需要精细管理的时代。

SEM 是个市场营销漏斗，广撒网，再通过客服团队、谈案团队逐层转化，最终实现签单。

通过百度竞价来的客户，相比投放其他广告来的客户质量要高。相比自媒体粉丝而言，百度竞价来的客户都是有真实法律需求的，而不是来"看热闹"的，价值显然不一样。

被"过滤"掉的人，也都是律所投放了真金白银换来的。在精细管理时代，我们应该对这些人进行二次转化，把其中一部分人"捞回来"。

在在线咨询过程中、电联过程中以及面谈后，一些客户未必是百分百不认可这家律所，而是因为各种原因将委托事项暂缓，或者虽然这次做出了选择，但日后很可能还有其他法律需求。

如果能继续保持触达，增强客户的了解与熟悉，在或近或远的将来，客户可能会再次选择律所。

继续保持触达，微信私域是最好的手段。通过百度竞价进来的潜在客户，留下他们的微信号是非常必要的，日后可以通过朋友圈、微信群等多种方式对他们持续进行品牌触达，也可以以微信作为更便捷的联络手段，将线下活动等各种信息传递给对方。

人，是既理性又感性的动物。对于熟悉的人，可能无意间瞥见了他的朋友圈文章，就能被打动，做出选择。所以，坚持不懈地保持品牌触达就有可能创造出"一瞬之间"的委托机会。

第8章
SEO 及相关的品牌传播

官方网站：品牌矩阵的标配，百度系营销的基础

对于律所官网建设，一些中小律所有疑虑。除了放在网上当个"橱窗"，有实际用处吗？能有案源转化价值吗？一些大中型律所的情况则是，官网虽然早已建设，但内容策划和网站设计的质量值得进一步研讨。

律所官方网站和律所自媒体号一样，在移动互联网时代都应该是标配，是品牌传播矩阵中的重要工具。

好的官网，既是客户了解一家律所最全面翔实的媒介，也是客户与律所建立进一步触达交互的途径之一。

在移动互联网时代，选择哪位律师，选择哪家律所，客户都习惯在网上"搜一下"。官网是客户了解律所的重要途径。所以，官网的全面翔实很重要，该有的模块要全部具备，内容完善充实。

目前，多数国内律所的官网是模板化的，模块通常包括律

所首页、关于我们、团队介绍、业务领域、律所动态（律所新闻）、联系我们（加入我们）等。值得提醒注意的是——

官网内容建设，不要仅仅满足于"大而全"，应该从品牌定位的高度往下逐级思考，想清楚网站主要做给谁看，想给这些目标人群看哪些内容，哪些内容更能打动他们。

这些都可以归纳为网站内容策划。想清楚这些之后，律所的优势要强化、突出。比如律所是一家国内知名的刑事律所，那么在内容设计上，就要让刑事领域的律所定位、专业优势、服务优势、优质案例等在各个模块都得到突出呈现。而这些特长优势，都是需要通过思考深度挖掘的，不是简单交给网站第三方设计人员就了事。比如律所荣誉很多，那应该用何种方式将奖杯、锦旗突出展示出来；比如律所规模大，办公环境高大上，那应该如何设计系列图片，让客户在官网上看到，等等。

目前，律所官网上的律师介绍都是一页网页，对律师的个人职业经历、承办案例、专业优势等做高度概括介绍。光凭这些，无法让潜在客户对律师产生更深入的了解。建议由品牌人员或专业的品牌服务公司通过人物专访等形式深度挖掘策划，通过一篇或多篇深度文章的形式在新闻媒体、自媒体和官网同步刊发，使潜在客户更快走完从认识、了解到产生信任、签约合作的客户转化过程。

网站内容建设，要善于利用"社会认同"建立信任。比如将主页面加入客户评价模块，在适当的页面做企业客户LOGO展示，增设"过往胜例"版块，将以往的成功案例通过律师讲述、案例故事、理论研究等形式展示给潜在客户。

在页面设计上，一些律所工作人员认为自己不专业，就完全交给第三方公司了。但客户访问页面时，是否方便舒适，是任何人都可以通过实际浏览感知的，有时候反而是身在其中的网页设计人员感觉不到、发现不了。

所以，律所工作人员必须参与网站页面调试，并应该让更多的人参与其中去感知产品的舒适程度，尤其是手机端的使用舒适程度。实践中，一些律所的官网看上去高大上，但使用体验感极差。律所钱花了不少，得到的却是来自潜在客户负面的品牌体验。

另外，页面设置要考虑到目标人群的实际感受，尽量减少获取信息的层级。首页与二级页面、三级页面，每级的浏览数会差很多。人们在网上浏览信息时往往缺乏耐心，过多层级的堆砌，一味延长获取信息的路径，导致一些访客想了解的信息找不到，最后在还未了解到信息时就失去耐心离开了。

视觉设计也是官网建设非常重要的一环。浏览官网与浏览一篇自媒体文章不同，人们对视觉更加敏感，感受更具主观性，所以，在如何让网站的风格调性与潜在客户人群相匹配的问题上，视觉元素比文字内容重要。

一家商事为主的律所，网站设计就应该更高大上、有品位。但如果是拆迁律所，设计风格过于高大上，可能会吓跑客户。

通览国内律所官网，其中不少网站的转化触达能力值得进一步提升。律所官网不应该单纯是一个品牌展示橱窗，做好并配上 SEO 是会有较好的案源转化效果的。

绝大多数律所官网的访客，浏览后不会直接成为律所的客户，但未必日后一直不是。他们浏览官网时，可能还是没想好是否打官司，更没想好找哪家律所、哪位律师打官司。律所可以通过一些方式建立起与这些访客的持久性触达。这是提升律所官网案源转化率的关键。

因此，官网在客户转化方面值得用心设计。一些官网上只留了"400"电话，这是非常不可取的。号码是死的，无法让律所和客户持续触达。官方客服微信更加重要，目前最重要的私域就是个人微信号，它可以通过朋友圈、微信群乃至点对点直接联系和对方保持持续性沟通。通过微信，对潜在客户进行持续的品牌传播刺激，有助于他们日后在明确了聘请律师诉求的某个节点上第一时间想起律所。

除了"400"电话、官方微信，还可以通过技术设置引导访客通过文字等形式写下自己的法律诉求以及联系方式，以便于客服人员随后进一步接触并服务。

SEO：品牌传播的提速器

说完律所官方网站建设，紧接着谈谈 SEO。SEO 指搜索引擎优化，通俗地解释，就是利用搜索引擎的规则，通过技术手段和内容手段，提高网站在特定搜索引擎内的自然排名，获得品牌收益。

做个形象的比喻，假设品牌是一辆在传播道路上行驶的车辆，那 SEO 就是一款油门加速器，能让这辆车提速。具体来说，比如一家提供婚姻类法律服务的律师事务所，当网民在百度搜索"如何打离婚官司"时，如果能在百度首页看到该律所的相关页面，自然有利于获客。

SEO 与搜索引擎竞价推广最大的不同之处就是"慢工出细活"，性价比更高。而且一旦进入首页排名，除非算法发生重大调整，否则排名相对稳定，不会出现明显的大起大落。

做好 SEO，关键词设定是关键。这里所说的关键词，是指潜在客户可能会用来搜索相关法律问题的词句。在开启

SEO 工作之前，需要根据律所的目标客户人群，对关键词进行提前设定。

在人力、财力充足的情况下，保证 SEO 效果最好的办法，就是尽量优化更多的关键词，从整站出发，设计全面的矩阵式关键词优化策略，利用多个关键词形成大量靠前排名，实现品牌曝光最大化。

制订关键词策略，不能傻干盲干，更不能"拍脑门"。尤其是在某些细分专业领域 SEO 已趋于红海竞争之时，制定出事半功倍的策略，找到更多的高搜索量、低竞争的关键词，尤为重要。

这就需要对潜在目标人群的搜索需求进行数据统计分析，计算出关键词总量与预期流量，结合律所品牌营销实际需求综合而定。比如一家婚姻类律师事务所，和全国同类律所竞争"离婚律师"关键词，成本就会非常高，难度也非常大，但如果同时加上地域词如"燕郊""三河"，竞争难度可能就要小很多。同时，事先确定适合用作网站文章主题的长尾关键词也非常重要，例如"如何更快离婚"等。

你可以使用 SEO 关键词研究工具比如 5118 数据平台，了解各个关键词的基本情况、比较搜索量和竞争水平、了解竞品的关键词排名等。

SEO是一项需要各个部门协调配合的工作。律所所有的自媒体文章原创写作时,品牌文案人员应该有配合SEO工作的意识,在文章中埋入关键词。

所有提前设定的关键词以及长尾词,应该提前交付给品牌文案人员日常参考,以便其在撰稿时能够提前考虑如何将相应的关键词植入到标题,如何将相应的关键词谋篇布局地植入到内文各处。

保证SEO效果,需要多发原创文章。如果网站总不更新,没有原创内容出现,搜索引擎就更不会有效果了。此外,切忌因没有自己的原创内容而抄袭他人,大量的抄袭一旦被搜索引擎发现,会严重影响收录和排名。

同时,撰写原创文章时,也尽可能照顾到所有的关键词,不要只就着少量的关键词反复写。

自媒体刊发稿件后,官网要同步进行发布,形成"一稿多用"的品牌效应。同时,在不会导致自媒体号被限流的前提下,自媒体也应当为官网网站导流,让两者相辅相成。

这些地方,都是需要各个部门人员精诚团结,共同实现品牌目标的。

除此之外，在文案中加入适当的图片，也有利于 SEO 取得更好的效果。

根据其他律所的成功经验，在官网上开设专栏功能，对 SEO 有极大帮助。百度会对与关键词具备相关性的原创内容给予高权重，因此通过官网持续发布与关键词有关的深度文章，并在文章中以合理的频率使用关键词，有利于 SEO 扩大效果。

律所官网也需要考量权重流动性问题，应合理分配关键词到每个栏目，保持核心栏目每天都有固定的内容更新，同时构建官网的内链矩阵，提高页面浏览量，延长访客页面停留时间。

再有就是网站一定要加"用户评价"模块，并吸引用户评价。百度等搜索引擎已经将用户评价作为网页质量评价的标准之一。

SEO 工作不是一劳永逸的，需要不断地做数据分析、优化策略。工作人员每周要对页面数据进行统计分析，工作人员应当每月开会，对事先设定的关键词以及长尾词的效果优劣进行分析判断，进一步做出调整。这些调整工作必须是建立在数据分析基础之上。

之后，需要对律所官网进行内容调整，包括首页、栏目页、专题页和文章页，根据数据分析结果确定哪些应该调整、如何做出调整。同时，建议定期对竞品的关键词排名进行数据监控，知己知彼，了解学习，总结借鉴。

软文传播：目的就是"百度收录"

这里所说的"软文传播",特指那些商业类媒体网站。其中很多看似影响力不大的网站,也有非常重要的品牌传播价值,如百度收录。

有的网站看似是"小站",但在百度等搜索引擎上收录效果非常好。在这些网站上"露脸",价值不在于网站本身的传播影响力,而在于百度等搜索引擎的收录。

一般来说,潜在客户和律师商谈结束之后,一定会多方核查了解。在百度上搜信息,是多数人会做的基本功。如果潜在客户在百度上一搜,能搜索到很多关于律所的传播稿件,尤其是能充满百度搜索第一页,其信任度是不一样的。

一般来说,律师向当事人口头介绍的都是自己的专业能力、学历背景、个人资源和以往案例等,官方网站上和各种法律网站上挂着的那些信息,大都是硬干货,缺少全面的介绍和更细腻、感性、故事化的文字表达。如果通过这些网站发布一些正面宣传律师、律所的深度策划稿件，恰是非常有价值的内容补充。同时，这些内容也可以在律所官网、律所自媒体陆续发布，作为内容补充。

从以往的实践中看，单纯在这些"小站"做软文传播，也可以达到接近于一些律所日常做 SEO 的效果！

我司就打造了这样一款法律品牌传播服务产品。每月从不同的策划角度，为律师或律所采写一篇人物专访、律所专访或业绩报道类深度传播稿件，在 50 家"小站"发布。网站的精准选择是这个产品的核心。这些网站都是运营人员通过盯控，动态挖掘出来的百度搜索效果最好的网站，可以保证百度搜索引擎上的高收录率。

发稿的时间选择、发稿的密度也是一门技术。靠的是大量的传播实战经验积累。

只有从需求到产品设计，再到产品的不断打磨，这项产品才能取得非常突出的品牌传播效果。

以为一位律所主任提供的服务为例，这位律所主任的姓名是个"常见名"，重名很多，在"全国律师诚信信息公示平台"（相当于是全国律师的数据库）一查，和这位律师重名的有 15 名律师。

但经过一年多的品牌传播，如今在百度上搜索这位律师的名字加上"律师"，百度前十页收录的 200 个网页，有超 180 个都是这位律所主任的内容，占比 90%。在百度上搜索这家律所的名称加"律所"或"律师"，前 15 页的每个网页除强制广告外，都是这家律所的品牌宣传内容。16 页以后的页面，该律所的品牌宣传内容也占了较大比例。

还有一家律师人数在北京排名前五十的律所与某公司合作过这项服务。经一个月的品牌宣传，稿件在百度前十页收录率超过 70%；发布 3 个月后，除个别敏感稿件外，百度前十页收录率仍超过 60%。

百度前十页收录率最好的一篇，在 7 个月后仍达到了 112%！超过 100% 是因为稿件发布后引起自然转载，7 个月后百度前十页收录 56 条，超过公司安排的 50 家网站。

从关键词检索效果看，搜索"×××（律所主任姓名）+××（专业领域词）"，百度首页的 10 条链接，6 条为公司所做传播，占比 60%；百度前三页仍占比高达 40%。在网民经常搜索的百度资讯栏，搜索"×××律师""××律所"，首页露出率也分别达到了 40% 和 30%。

难能可贵的是，这是一家多年来持续在做各种品牌宣传传播的律所，日常有专人会对一些关键词做 SEO 的律所，检索出来的其他链接，都是经过 SEO 处理过的链接。这说明，这款法律品牌传播服务产品已经达到了接近 SEO 的效果。

新媒体之外，它是小成本做律师品牌宣传的最优解。

百科类品牌建设：律师的一张权威可信名片

百科类品牌建设，尤其是百度百科，对律师行业来说意义重大。律所、律师，都可以创建百度百科，但对于律师来说品牌价值更大。律所通常都有官网，但对于律师个体来说，百度百科相当于是其一张权威的网络名片。

首先，百度百科有高权威性。它是百度打造的知名产品，编辑上传的词条内容审核非常严格，相当于内容的真实性经百度的审核认证，得到了来自百度的权威背书。

这些内容包括律师的职业、所在律所等基本信息，也可以通过编辑加入执业经历、业绩荣誉、成功案例以及其他新闻动态等。每个信息点都标记出处，在百度百科词条底部的链接可对应点击查看，保证真实性和权威性。

其次，百度百科一经创建就是永久性的。有了新的内容随时编辑更新，在不需要更新内容的时候则不需要花费精力去管理。

百度百科作为百度自家产品，收录权重非常高，当事人检索"××（姓名）律师"，这位律师的百度百科基本都会在检索页的首页出现，而且很多情况下是出现在首页的第一条。

在其他平台、网站做的词条名片，百度收录效果和页面位置远不如百度百科。有的页面位置靠后，甚至到了第三页以后，几乎失去传播价值。

做好百度百科，不仅对律师有品牌价值，对律所也同样意义重大，而这是很多律所没有意识到的。律所创建百度百科，能提高律所官网在百度搜索引擎上的排名。百度百科词条，众所周知，检索结果的排名位置都很靠前，排名好，流量也有保证，给律所官网带来的转化率也能提高。同时，律所也可巧妙利用百度百科词条底部的链接进行引流，促使用户点击百科词条的网址链接，给官网增加流量，甚至带来业务转化。

律所或律师，可以将日常品牌传播和百度百科品牌建设相结合，用日常发布的品牌新闻稿不断充实百度百科词条内容，实现对百度百科词条的实时运营维护。

当事人在聘请律师之前，基本都会在网上检索相关律师的信息。如今，相当多的律师都有了属于自己的百度百科词条，成为律师的个人品牌标配。

所以，有条件的律所都应该组织本所律师创建属于自己的这张"网络名片"，形成百度百科的品牌矩阵。

第9章
线下活动的客户触达价值无可替代

活动筹备阶段，要提前制订出工作目标

身处移动互联网时代，还有必要花费人力财力组织线下活动吗？线下品牌活动营销价值还有那么大吗？事实上，不但价值大，而且比以前更大。

无论科技如何改变人际交往方式，线下见面的重要性永远不会改变。在每个人都低头捧着手机的时代，人与人之间的线下交流变得更加稀缺。正因为如此，只有品牌方愿意对某个人重度地付出时间（线下活动见面）时，双方才可能建立起深层次的联系，而这种联系几乎无法单纯依靠线上交流产生和维系。

人与人之间的信任度和亲密度，往往在线下见面之后陡然攀升。对于陌生客户来说，如果和律师都没有线下见过面，没有深谈过，他是不可能轻易相信、接纳这位律师。

所以，律所办活动是一种非常有效的营销手段。如果到

场嘉宾有很大比例是潜在客户，意味着这场活动很可能拥有较高的投入产出比。但同时，线下活动也是一种重度的、时间精力成本投入更多的营销方式。组织一场线下活动，必须做好充分的策划和准备。否则一旦线下活动没有达到预期效果，一干人的时间精力以及财力都将白白浪费。

组织一场线下活动，目标人群的设定、活动的预期目的，都需要提前充分考虑清楚。活动的目的是为了拓展业务、拓展人脉、塑造品牌形象，还是教育潜在客户？只有提前想清楚了，才能保证整场活动都围绕预期目的进行。

与其他品牌传播形式不同的是，律所在酝酿期更应该想清楚：应该如何通过精心策划，让更多的目标人群乐于参与这场活动。通常情况下，一个人参加法律类线下活动，要么是认为议题对自己有意义，要么是认为活动参与人对自己有意义，两者必占其一。

如何让人认为活动议题对自己有意义，或者活动参与人对自己有意义？这需要组织者好好去策划琢磨。在律师行业以及其他行业，存在一些与行业无关但"有趣"的线下活动，比如一些律所组织的红酒会、雪茄会、长跑活动、婚恋活动等。从实际反馈看，这些与法律无关的活动，反响很好。

有人会质疑：这些与法律业务毫无关联的线下活动，不能直接带来案源转化，组织的意义何在？其实，如果这些活动的参与者都是律所的目标人群，那么就是有意义的。人与人之间，除了功利化的交往，也需要"有趣"的交往。对律所、律师与陌生的潜在客户而言，"交流了什么"只是一方面，"能够由此建立良好的交流关系"同样重要。

人与人的第一次接触交往，第一印象往往是决定性的。可以说，很多沉淀在微信、手机通讯录里的人，如果没有第一次破冰式的触达，这些人际关系永远处于"僵死"状态，久而久之就完全失去了人际价值。

这些看似"无用"的线下活动，如果能够让人与人之间建立起有效、美好的触达，让潜在客户对律所、律师产生好印象，进而通过进一步接触形成更多了解，当需求产生时，他们往往会第一时间想到律所（律师）。

人是一种感性动物，有时候抉择就在一瞬间。同样是"业务不错"的律师，人们往往更愿意选择那个熟悉的（线下见过的）、有过共同经历且印象不错的律师。所以，这类活动的价值和意义也不容小觑，在时间精力允许的情况下值得尝试。

线下活动筹备阶段，制订出工作目标也至关重要。整场活动的预期目标明确之后，需要进一步细化每个部门乃至每个人的工作目标。一定要有一个"看得见"的标准：比如通过一场小型客户沙龙活动，触达 20 个陌生潜在客户；比如邀约客人的出席率达到 85％以上；比如会后的业务转化至少有 5 个以上，等等。

具体到活动组织执行方面，关键就是一句话：成败在于细节。

必须成立筹备组，每项任务责任到人，包括文案准备、物料准备、参会人员的联络和接待、场地以及服务人员对接、摄影摄像等，每个人都应当明确自己的职责是什么，应该做什么。

筹备阶段，人员邀请是重要环节。一份好的邀请函，必须包括让受邀方感兴趣的信息，同时时间和地点的设置要方便、合理，邀请函本身要自带"仪式感"。对于不那么熟悉的人来说，如果邀请函看上去不正式，对方很可能会对这次活动产生怀疑，大大降低邀请接受率。

第一轮邀请结束后，负责对接联络参会人员的工作人员最好建立 Excel 表单进行管理，在合适的时间进行二次确认。然后根据第一轮受邀者的反馈，决定是否进行第二轮的邀请。

联络过程中，工作人员应将活动的议题、活动流程、参与者等更多信息提前提供给受邀人员。

活动当天，一定要组织人员提前若干小时进场，做好所有的准备工作，为所有可能出现的突发状况做好准备，一些小事情一旦没有处理好，比如迎来送往的细节，会极大影响参会者的体验。

活动期间，要关注参会者的情绪、表情和细微的"小动作"，分析到场参会者对这次活动的真实接受度和好感度。在活动茶歇和活动结束后，应该抓住时机，尽可能地多与参会人员交流，了解对方的参会感受和与活动相关的实际需求，寻找、洽谈法律合作机会。

活动结束后，要通过各种方式对参会者进行回访，实现二次触达，加深客户印象，力争尽快实现转化。

活动结束后更要进行复盘，对预期目标和达成结果进行对比分析，找问题查原因。

对参加活动的潜在客户，应通过微信等多种方式，持续保持联系触达。

最后，举办方要深度思考活动机制是否可持续。

举办线下活动，最好是定期、成系列的，这样才能让品牌影响力最大化。能否搞成系列、搞出影响力，第一场线下活动打响的"第一炮"很关键。

通过有创意的活动策划、成系列的活动计划和执行，律所可以大幅提高线下活动的投入产出比。

组织不同规模的活动，应注意的不同事项

前面谈的是组织策划一场线下活动普遍适用的方法论。而组织策划不同规模的线下活动，也有一些不同的特点和值得注意之处。

组织论坛等大型线下活动，关键是要打造出高品质调性和参与的仪式感，让与会者形成精英身份认同。参与大型活动的与会者，会更加在意仪式感，活动组织执行者必须重视活动组织执行的每个细节，做到滴水不漏，周到周全，才能提高线下活动的品牌美誉度和随后的转化效果。

一般来说，大型活动应该至少有四个月以上的策划、筹备时间。

为提升活动的品质调性，与行业协会、政府机关、知名企业或没有竞争关系的其他律所共同主办，是不错的选择。由多个机构联合主办的活动，活动资源是翻倍的，往往更容易形成品牌影响力，实现"一加一大于二"的品牌效果，几

个主办方之间也能通过共同举办活动，密切彼此之间的关系。所以，多花一些时间物色、沟通合办单位，是"磨刀不误砍柴工"之举。

在活动筹备阶段，从活动方案、物料准备、传播规划、供应商预约到活动预演，一切内容都要提前细化，提前落实完善。

大型活动的时间选择也是很讲究的。根据以往经验，不要选择临近任何重大节日的日期，同时尽量避开周五晚上举办正式活动。

一般来说，五星级酒店或会议中心都是大型活动举办地点不错的选择。前者可以保证硬件标准、服务档次以及餐饮条件等，后者则可以容纳更大规模的参会人数。

在活动前一个月，要制作好邀请函，发出邀请函，组织报名。无论采取何种报名形式，一定要安排工作人员通过添加微信或直接打电话的方式，确认报名结果，告知相应参会事宜，决不能让报名者很长时间都得不到任何反馈信息。作为主办方，报名者的个人信息需要登记到 Excel 表格，做好后续追踪。

从实践经验看，邀约参加大型活动，邀请函发出的时间最好在活动前的三至四周。如果邀约登记后发现登记人数不理想，可以再发出第二波邀请函。

活动前一周，应提前备齐所有会议材料，并到场地实地考察、测试现场设备等，保证不会因接线板不够长等各种小问题给活动造成大麻烦。

活动前一天，可以再发提醒短信或微信。对于重要的参会嘉宾，更是要及时提醒对方，了解对方情况，确保他们按时到场。

根据以往经验，做好交通提示，对保证到场嘉宾更好的活动体验感至关重要。

组织一场大型活动，总会有参会者出现走错路、找不到停车位等问题。提前为嘉宾做好交通路线、停车指引并安排好会场引导员，可以大大降低"人找不到地儿"的概率。

大型活动现场，一定要安排若干工作人员时刻留意会场上的突发情况，留意观察参会者的表情、情绪、反应等，力争让一切问题消弭于初始阶段。

不少人会提前半小时左右到场，之后坐在椅子上百无聊赖。这段时间以及会后都是宝贵的交流时间，应该抓住机会与大家交流，了解他们的痛点和需求，便于日后形成转化。

50人以内的线下活动，多数聚焦于某一特定主题，主题小，但内容精。组织大型活动，如果重在打造仪式感，那么组织小型活动的重点，则在于打造参与感和获得感。

组织小型线下活动，选择在周二至周四举办，出席率远高于其他日期。这是因为小型线下活动没有大型活动的隆重，人们一般不愿意占用周末休息时间参加，而周一往往是很多单位开周会的日子，周五则是一周收尾的时间，会议多事情多，分身乏术。

对于有优越办公环境的律所而言，将活动地点安排在律所是最好的选择，不但节省了场地成本，也便于组织安排，还可以让参会者在会议结束后参观律所，加深品牌认知。

一场小型线下活动，如果想提高大家参与的积极性，最好保证有几位重量级嘉宾参与，同时议题务实"解渴"，让参会者能有所收获。

实践中，即便是高质量的小型线下活动，邀约出席率也只能在60%至80%。所以，邀约要分多批进行，邀约后要做好Excel表格追踪，邀约后要追踪一至两次，然后根据邀约情况变化，适时安排第二批、第三批邀约，以保证既不至于全场冷清，也避免人数爆满超过会议室容纳能力的尴尬。

　　在活动筹备阶段和活动现场，一定要注意引导参会者和演讲嘉宾之间的互动，注意提升参会者的体验感。小型活动现场是否气氛活跃，是组织是否成功的重要标志。

如何做好活动类传播和营销转化

举办一场线下活动，在会前、会中和会后进行充分有效的传播，可以大大提升活动的品牌传播价值。而活动类品牌传播，可以分为私域传播和公域传播。在活动筹备阶段，就应该提早制订出传播计划，将传播渠道、矩阵搭配、内容策划、费用预算和媒介对接等工作提前明确好。值得注意的是，对受邀参会者的一些触达方式，也可以被视为一种私域传播。

在活动预热阶段，律所官方自媒体矩阵传播活动海报、预告文章是最重要的传播方式。律所也可以组织所内律师积极在朋友圈转发活动海报和预告文章，并通过各种微信私域途径，触达计划邀约的目标人群，争取更多的人积极报名参与。如果预算允许，也可以在一些能触达目标人群的微信公众号做投放，获得精准而广泛的传播影响力。

另外，也可以通过微信群红包分享等方式，让目标人群积极传播海报和预告文章，扩大活动的影响力。

活动过程也是值得精心策划安排的。主办方可以给现场的参会者拉微信群，在群内第一时间发布活动现场照片以及带有讲者观点的PPT页等，为观众提供发朋友圈的素材，让更多的人在第一时间把活动动态传播出去。

会议报道是有时效性的，如果不能第一时间发布，到了第二天传播价值就已经减弱，如果几天后才发布，传播的价值则已经减少大半。活动的品牌宣传稿件，最好提前备好，只留出现场部分待补充。这样做可以保证会议结束后，工作人员可以第一时间将品牌宣传稿件在律所官方自媒体矩阵发布，并第一时间提供给新闻媒体，以便记者尽快发稿。

自媒体端，活动现场的图片、视频和文字同等重要。现场一定要让工作人员拍摄视频，并第一时间将活动花絮剪成短视频，作为律所自媒体传播素材。从传播端口来说，百家号、网易号、搜狐号这些百度收录效果好的自媒体平台，都应第一时间发布。

新闻媒体端，在选择时就要注重媒体的匹配度。什么样的会议主题，什么样的传播目的，需要对应选择合适的新闻媒体进行传播。中央级媒体的新闻报道，可以提升线下活动的权威度和高规格感；知名市场化新闻媒体的新闻报道，可以大大提升活动在公众社会中的品牌影响力；知名法治类媒体的新闻报道，可以提升活动在法律行业的品牌影响力和权威度；相关行业媒体，可以让活动在目标人群中产生品牌影响力和美誉度。

很多时候，不但参会者有可能成为未来的客户，一些通过新闻媒体和律所自媒体矩阵看到活动信息的人，也会主动联系过来询问情况。通过进一步触达，这些人很可能也会成为客户。

第10章
如何借助新闻媒体做好品牌传播

自媒体时代，新闻报道还有品牌传播价值吗？

律所品牌传播，从媒介上可以分为两部分：借助于电视、纸媒等传统媒体的品牌传播和自媒体品牌传播。

有人认为在传统媒体做宣传根本没转化，所以不重视。其实，传统媒体和自媒体各有各的传播价值。

新华社、人民日报、中央电视台等央媒，法治日报、法治网等法律类核心行业媒体，以及其他重点行业媒体、省级机关报，最大的传播价值是"权威背书"。

虽然传统媒体影响力日渐下降，但传统媒体的权威度，尤其是上述媒体的新闻权威性，仍然是全社会公认的。一些律所甚至会把央视采访律所主任的画面录下来在前台的大屏幕反复播放，即看重这些媒体的新闻报道权威性。每年有大量人员通过司法考试加入律师大军，法律服务市场已经日渐呈现出新的供求关系变化。如何让当事人在众多律所、律师中选择A而不是选择B、C、D，提升权威度与信任度非常重要。

澎湃新闻、红星新闻、新京报这些传播影响力更广泛且频频出现爆款猛料的新闻媒体，被称为市场化媒体。律所、律师要能在这些媒体露脸，不但可以让公众了解律所品牌，还能让全国的媒体人知晓。

媒体人每天都要看大量新闻，而且看得远比社会公众仔细，如果某位律师频频在某个知名市场化媒体就某个领域发表专业观点，其他媒体人就会记住这位"专家"，遇到同类法律问题就会主动通过媒体圈子找到这位律师做采访，从而形成"光环效应"，律师的名气会像滚雪球一样越来越大。

总有些律师不明所以，某某知名律师未必有自己专业能力强，凭什么名气那么大，当事人还都认可。其实，这就是媒体"光环效应"的效果。

很好理解，记者基本不是法学专业出身，不是法律行业人士，他们了解律师的主要途径并非业内评价，而是同行的新闻报道。如果媒体同行总把某位律师报道成"知名婚姻律师"，那么在其他记者心目中，这位律师就是婚姻法领域的知名律师。这就是某些律师善于借助新闻媒体力量迅速提升个人影响力的秘诀。

一些大家耳熟能详的大律师，成名之路其实都和这种超越众人的品牌传播意识有关。几十年前，新闻媒体的影响力相当大,如果当时能给自己准确的专业定位,打上特定标签,几十年后,"光环效应"的红利足以让他们名利双收。

所以,如果能在媒体人当中出名了,那他就离在社会上出名不远了。

一些律所在品牌传播实践中善于将传统媒体的权威性和自媒体的传播广度相结合,形成立体化传播效果,这也值得其他同行学习借鉴。

如北京某律所,创始人的名字不但经常见诸报端,他本人还经常在央视《今日说法》《律师来了》《法律讲堂》等栏目露脸,接受访谈。

每次节目播出后,律所的品牌人员都会把这些电视节目视频剪辑加工成短视频,在抖音、西瓜视频、头条号以及微博、微信公众号等律所自媒体进行二次传播,并在律所办公室的多处电视大屏循环播放,墙上也挂着他们参与电视节目的照片。

这是一家号称没有名牌大学毕业生入职的律所。律所主任表示,律所的成功,很大程度上是通过传统媒体＋自媒体传播,成功打造出了律所品牌。

有的律师，一方面通过积极参与纸媒、电视媒体采访，在电视台做节目嘉宾，甚至策划拍摄网剧成功破圈；另一方面利用在新闻媒体打造出的影响力开设个人自媒体账号，借助媒体栏目顺势而行，在网上获得大量粉丝，成为法律大V，为律所品牌建设做出巨大贡献。

律师如何向新闻媒体借力

实践中，不少人知道新闻媒体对品牌传播有价值，但不知道应该如何借力。在这个问题上，笔者有以下建议：

一是律所对新闻媒体要有基本了解，对"什么是新闻"要有个基本认知。

笔者从 2004 年起在《法制晚报》工作十余年，让本人很抓狂的一件事就是十几年如一日向一些律师解释：我在《法制晚报》，不在《法制日报》，《法制晚报》和《法制日报》不是一家，而且都不是一个报业集团的。

另外一件十几年如一日的抓狂事，就是总有一些律师找到我，希望把自己写的一些大字报似的"新闻稿"，直接"复制粘贴"发到报纸上。怎么可能发得了呢？

所以，如果希望借助新闻媒体的力量实现品牌传播，就需要做一些最基础的功课。下面是律师群体值得了解的一些新闻通识——

1. 新闻媒体，都姓"公"

新闻媒体的主管主办单位必须是国有单位，在我国没有私人办的新闻媒体。国内的新闻媒体众多，鱼龙混杂，真假难辨。如果对某个新闻媒体或媒体记者的真实性存疑，可以通过中国记者网（https：//press.nppa.gov.cn/）查询。有些年轻记者或刚跳槽的记者，入职时间短还没来得及换发记者证，存在查询不到信息的情况。但如果查询新闻单位查不到，那么肯定有问题。

2. 纸媒主要靠"网稿"传播

以前，报纸杂志的新闻传播，一靠那张"纸"，二靠官网发网稿，然后默许新闻网站转载，获取新闻影响力。如今，新闻媒体的主流传播方式变了。报纸变得越来越薄，很多新闻内容只通过网络传播。随着新闻媒体单位版权意识的提升，签约付费才允许转载的比例越来越高，纸媒的网站转载率越来越低，入驻今日头条、腾讯新闻为首的自媒体资讯平台，在这些平台开设账号发布新闻，获取新闻影响力，成为新闻媒体主流的传播途径。

以澎湃新闻举例，媒体会在今日头条、腾讯新闻等平台开"媒体号"，新闻在澎湃新闻官网发布的同时，也会在今日头条上的澎湃新闻媒体号、腾讯新闻上的澎湃新闻媒体号等平台账号发布。今日头条等各个平台会给媒体账号更高的流量推荐权重，之后算法根据网民阅读后的互动数据，进一步推送流量，使得一条新闻"猛料"借助平台的力量让更多的网民获知，甚至可以借助算法，根据地域、网民阅读习惯等情况精准推送，让传播的有效性进一步提升。

3. 媒体严谨度和新闻影响力成正比

一家媒体对新闻素材、新闻稿件要求的严格度，与这家新闻媒体的新闻影响力成正比。凡是知名、影响力大的新闻媒体，对选题、采访、稿件内容的要求都非常高，要求记者的采写内容必须扎实严谨。虽然稿件在打磨阶段可能让律师感到"煎熬"，但报道后形成巨大的影响力会让律师有苦尽甘来之感。

二是需要了解向新闻媒体借力的几种方式。主要方式有三：向媒体记者提供新闻线索，针对热点事件等做法律分析解读，律所与新闻媒体进行栏目共建。

先说向媒体记者提供新闻线索。很多律师都曾向媒体记者提供过新闻线索。如何与媒体记者打交道，如何配合采访，有一些经验技巧值得分享——

理解媒体记者的职业定位和理解律师思维和媒体思维的不同,是最重要的。无论多么希望自己的"料"被媒体报道,都不能信口开河、夸大其词甚至故意扭曲事实。

以笔者多年来与律师打交道的经验看,一些律师未必是故意为之,而是由于不了解媒体记者的职业定位以及律师的职业惯性思维造成的。律师的职业特点、在法庭上的职业地位,决定了律师以发现问题、提出问题为目标。律师发现的可能只是个线索,或者是一个不那么充分的证据,但这并不妨碍他把它写进辩护词、作为证据提交法庭,至于采纳不采纳,那是司法人员的事。

但记者的工作职责,是既要发现问题,也要确认事实,一定程度上担任了认定事实的"法官"角色。无法被充分证实的内容是不能作为事实写入新闻稿的。因为记者要对媒体的影响力负责,对新闻真实性负责,否则就是对报社、对主管单位、对所有的公众不负责。

记者与律师职业地位、思维方式的不同,造成了一些律师在和记者沟通中出现误解与矛盾。

律师给媒体记者爆料时应注意一些小技巧——

向相熟的记者爆料,最好通过微信先给对方发送基本情况介绍，然后编发 100 字以内的文字介绍给对方，让对方确认是否可以报道。有的律师喜欢直接给记者打电话，高谈阔论大半天，结果反而被弃用。

看文字，人是有充分的反应时间的；听口述，对大多数非法律专业出身的记者来说，是不容易听明白的，也未必跟得上节奏。让记者同时捕捉、判断新闻价值和新闻点是件困难的事。

什么也不介绍直接约记者当面交流，是最容易被拒绝、最低效的沟通方式。新闻单位有报选题制度，新闻采写报道需要选题通过后才能进行，直接见面谈爆料，如果选题过不去，双方的时间就白白浪费了。

更不要招呼都不打，直接把记者微信甩给当事人。因为微信是私人领域，这是非常不礼貌的行为。

再说针对热点事件的法律分析解读。这是很多律师成为"知名律师"的成功路径。通过在媒体上做法律分析解读逐渐成名，需要做到以下几点——

事先规划清楚，自己准备在哪个专业领域发力，成为哪个领域的专家型律师。从多年来的实践来看，凡是事先给自己划定明确的专业领域，主要针对特定专业领域接受媒体记者采访的，更容易被媒体记者记住，更容易迅速成名。

通过各种途径，结交到一些媒体记者朋友，通过名片、自我介绍等多种方式，告诉对方自己擅长的专业领域是什么，如果遇到相关法律问题可以找自己，让记者记住自己身上的"标签"。

日常也可以通过个人自媒体账号、朋友圈，针对热点事件发声，主动引起媒体记者的注意。在自媒体账号发表文章时留下自己的联系方式。当记者需要采访某个专业领域律师时，会通过网上搜索寻找合适的采访对象。早年间，一些知名律师就是通过在新浪博客不断撰写专业文章来引起媒体记者注意的。

最后是律所和新闻单位合作共建栏目，律所需要综合考虑新闻媒体的影响力，能否通过合作共建实现自己希望达到的品牌传播效果，如何在媒体发布后结合自媒体等多种手段进一步提升传播效果等。

三是律师要善于与媒体记者交朋友。

和媒体记者交往时应注意——

首先，诚以待人，诚以待事。

一些人抱着完全功利性目的接触媒体记者，一旦发现对方不能满足自己的需求便黑脸而去，这是不可取的，殊不知媒体有报选题制度，只有通过的选题才可以采写，只有采写达到报社要求的标准才能刊发。功利交友的方式，不但交不到朋友，也会让律师行业形象受损。

还有一些人，为了达到传播目的，不惜夸大、扭曲事实，不考虑这种做法给媒体带来的风险性。这些做法，都让律师与媒体之间的良性互动无法持续。

其次，交往过程中应多了解对方的职业特点。

只有了解，才能更好地借力，才知道什么是新闻，什么样的新闻适合在什么样的媒体刊发。反过来也是，媒体记者只有充分了解一家律所的情况，了解一位律师的专业优势和个人特点，才能制作出更好的新闻内容。

最后，互相包容，互相理解。

不是律师提供的每个新闻线索媒体记者都会采纳。就如同不是每个当事人的案子，律师都会接下来一样。在互相了解的基础上，彼此理解对方的职业特点，互相包容，才是双方长期合作、共同发展进步、友谊长存之道。

利用新闻影响力间接获客的秘诀

在风起云涌的自媒体时代，很多律所不再重视新闻媒体，认为新闻报道没法再直接带来案源转化。

诚然，新闻媒体报道直接产生案源转化不太可能。但不容忽视的是，爆款新闻让律师、律所一夜成名会间接带来获客机会。不少律师就是在新闻报道中成名，之后慕名而来的客户源源不断。

为什么有些人就可以借助新闻报道扬名天下，有些人就不行？

一是一些律师新闻嗅觉灵敏，有很强的新闻判断力。

能成为爆款、轰动全国的法治新闻选题极少。能从海量的案件中，意识哪些案件可能会是爆款新闻选题，这种能力不是每个律师都具备的。

二是这些律师、律所对自身有明确的品牌传播定位。

见了热点新闻就往上凑，对品牌塑造不一定有好处。如果仔细观察会发现，凡是通过热点新闻事件、案件成名的，相当一部分是只针对特定某种类型的案件发声。

比如有些刑辩律师只针对热点刑事案件发声，有些律师只针对可能改判无罪的申诉案件发声，有些律师只针对当事人为高官、民营企业家的案件发声。

这样做不但可以迅速获取极大范围内的公众知名度，更在公众心目中形成强烈的品牌认知：这位律师给好几个刑事冤案翻了案，当事人都改判无罪，那自己的事，他也准行！

这种慕名而来的案子，当事人有很明确而强烈的代理意愿，签委托合同几乎是水到渠成。

第11章
专业方向的品牌输出

出一本好书，可以大幅提升专业化品牌影响力

出版法律专业图书、行业白皮书、行业报告，已经成为很多律所尤其是专业化律所，以及一些律师打造自身专业化品牌影响力的重要手段。

出书，是一种重度的品牌传播方式，对于打造律师、律所的品牌专业形象非常有帮助。

一本理论专业、见解独到、针对性强、饱含多年思考总结的书，不是谁都有能力写出来的。不少律师办案多年，甚至连写篇理论文章都感觉无从下笔，这充分暴露了人与人之间的理论水平和经验总结能力的差距。无疑，拥有这些能力的人，业务更让人信服。

实践中，出过书的律师，往往在品牌形象和影响力、获客能力、报价水平方面，都比其他律师更有优势。

从品牌传播意义上看待出书，需要提前想清楚：书出给

谁看,希望达到什么品牌传播目的。想清楚这些,才能进入策划选题环节。

目标读者人群,大体可以分为 C 端普通客户、B 端企业法务客户和法律界人士。

如果书是给 C 端普通客户看,那么必须学会从非法学专业的角度出发,从普通市民的法律疑惑和需求出发,谋篇布局,设定章节,以深入浅出、通俗易懂的语言,写一本市民看得懂又"解渴"的书。

如果书是给后两类人看,则必须有专业性和独家视角。内行看门道,见解认知到底是何种层次,法律人一看便知。如果专业水平未到火候,内容毫无新意甚至拼凑抄袭,送到法律同行手里,留给别人的反而是一种大跌眼镜的负面印象。

火候还不够怎么办?可以先选择一个专业领域,从写自媒体文章开始,一篇篇积累。积累到一定程度会逐渐成为一定的体系,这时定下个特定主题,出书就是水到渠成的事了。

如果把出书看成品牌传播的一部分,那么就要从品牌营销的高度提前策划,让出版和品牌营销融为一体,实现预期的品牌传播目的。

比如某律师事务所，在出书前曾梳理业务，确定了未来业务发展方向，将主要目标客户设定为民营企业家。之后，律所出版了一本关于民营企业法律风险防范的书，介绍民营企业家在经营中可能遇到的法律风险问题。

配合图书出版，这家律所在当地下了很大力气做推广，同时对律师团队进行再建设再规划，以适应满足民营企业家这一目标客户群体的法律需要。结果，这本书在当地的民营企业家圈子里形成了巨大的品牌影响力，为案源获客带来了很大帮助。

配合图书出版发行，可以做些品牌传播工作：图书发行后，配合出版社做新书宣传、线下沙龙活动；利用提前准备好的直播课件，同步开启网上直播培训课程；通过律师、律所的自媒体，在目标人群中传播图书信息；组织新闻发布会，请媒体记者为图书发行进行新闻报道，让品牌传播影响力进一步扩大。

如果图书出版发行效果好，读者认可，形成了较好的品牌传播效果，可以考虑通过出版系列图书的形式，进一步提升行业内的品牌影响力。

律所通过专业化品牌输出，可以实现案源转化

通过专业化输出实现案源转化，是一套综合运营自媒体运营、线下活动等多种手段的品牌营销方案，主要用于律所通过同行获客或从企业法务部门获客。

针对法律专业人士做法律服务品牌营销，显然要和对普通市民的品牌营销手段有所不同。

对普通市民输出的品牌内容，应该是既深入浅出、通俗易懂，又紧贴实际需求能"解渴"的。而对法律专业人士来说，输出的品牌内容是否真正能彰显出专业能力，是否能彰显出丰富的实践经验和独到见解，更为重要。

不要以为给法律同行输出品牌内容没价值。恰恰相反，一些律所、律师，他们的主要获客渠道就是同行间的案源介绍。

针对法律人的品牌传播，即专业化内容输出，可以以自

媒体作为日常内容输出的主渠道。其中，微信公众号是最重要的阵地。

这些专业化的内容，不需要什么10w＋，甚至5000＋都未必需要，能让更多业内目标人群看到，就已经达到品牌触达目的了。

如前所述，自媒体品牌传播，需要持续输出特定领域的专业内容，形成矩阵化传播。

直播，如今也是输出专业化内容的重要形式。

更不容忽视的是线下活动。这是针对行业人士必不可少的品牌营销手段，包括各种沙龙、论坛等。

主题吸引人、大咖云集的大型高端论坛活动，是打造行业影响力的重要方式和极为有效的方式。行业白皮书、行业报告的发布活动，也是论坛形式之一。

这些线下活动，应在活动前、中、后结合自媒体传播、新闻传播，让品牌影响力进一步扩大。

以上这些品牌传播手段，不是孤立的，他们共同组成了专业化内容输出的综合方案，以合力的形式帮助律所获客。

个体律师如何打造专业化品牌形象

对于每个律师来说,打造专业化形象非常重要。不过,个体律师因资源、资金、人力成本有限,打造专业化品牌形象的路径和律所是有明显区别的。

律师打造专业化品牌形象,首先要为自己明确专业业务方向。确定方向后,所有的专业化输出都要朝一个方向持续进行,这样才能给当事人留下深刻可信的印象。

律师打造个人的专业化品牌形象,需要一个标准化的IP打造方案。内容输出方面,包括撰写专业理论文章、撰写专业深度文章、出版专业图书、在新闻媒体上发表观点等。

对于没有出书经验、专业能力尚需要进一步积累的律师来说,在考虑出书之前,撰写专业理论文章于专业期刊发表,或撰写专业深度文章在自媒体上发布,是一项非常有价值的IP打造工作。

它和出书都能体现一位律师的专业能力，但相比较而言，前者更加灵活，可以因地制宜、紧贴实际地输出自己的专业观点，律师可以在办案之余利用零碎时间完成稿件。

哪些内容值得写呢？当下的热点议题，律师个人的办案实践、经验总结，当下的新类型案件或实践中出现的新情况等，都值得一写。

但无论写什么，大前提是是否对提升自己专业化品牌形象有帮助。一些过于理论化、在实践中却并不多见的内容，以及性价比不高、和自己确定的专业方向不相关的内容应该慎写，以避免给人留下品牌形象杂糅的印象。

有人会问：当事人基本都是非法律专业人员，这些专业内容他们看得懂吗？其实，是否能看懂并不重要，让当事人认识到"××律师真的很专业"更重要。

况且，让法律同行通过这些专业化内容，认识到你在某个领域专业能力很强，也是间接实现专业化形象建设的重要方式。如今，法律同行互相介绍案件已经成为常态。

如果律师有足够的专业理论深度，可以实现知识体系化，那么撰写书稿、出版专业图书是展示自身业务专业实力的重要途径。

在此提示几点：律师个人出版专业图书，更应该也更能做到结合自身获客需求，去设计图书选题；同时，律师个人出版专业图书，一定要围绕自己熟悉的领域；不能为了写书而写书，但书中内容肤浅潦草，甚至存在认识错误，最终是白费力气，得到的还是负面的效果。

新书宣发环节也值得律师重视。作为个人，律师难以像律所那样大张旗鼓去搞新书宣传，但可以通过和图书出版方合作开新书发布会，通过自媒体、朋友圈等方式推介新书，通过向定向人群赠送等方式进行宣发。小型的线下沙龙活动以及定向联系一些法律行业媒体或有影响力的市场化主流媒体定向传播，也是值得律师考虑的宣发方式。

一本专业书籍，如果能结合当下热点，成为一本给大家解渴、解惑的图书，那么图书宣发工作做起来肯定事半功倍。但这也需要律师有足够的时间、精力和毅力去实现。

关于宣发，很多律师想的只是"通过谁传播"，而没有考虑传播的长期留存性。新闻媒体宣发报道后，请法律传播公司专业人员进行广泛转发是非常必要的。转发的过程是一种"准SEO"传播方式，律师可以让法律传播公司协助，在百度收录效果好的几十家网站媒体集中发布。

最后是百科更新。图书出版以及权威新闻媒体的新书宣发报道，百度百科等百科类都是可以收录的。通过百度百科等百科内容的更新，也可以让更多人看到专业的律师的风采。

第12章
大脑空空愁选题？
告诉你哪些内容值得做！

都有哪些选题类型可以做

一些负责律所品牌宣传工作时间不长的人,尤其是由律师兼任的品牌负责人,总在发愁写什么、拍什么。其实,可以用来原创内容的素材很多。

首先是律所的"荣誉传播",包括被律协表彰、在"亚洲法律杂志"(Asian Legal Business,ALB)等榜单上榜、收到当事人送的锦旗等。当然更高频的日常选题胚子,是律师办理的案件取得好的结果,改判无罪、申诉获得支持、大标的案件的反转、为被拆迁人拿到了补偿款、在央企成功拿下招标等。

季度、半年度和年度的律所总结,也是"荣誉传播"的重要素材。

其次是"律所动态"。比如成立了新的专业化部门,律所人员受邀参加重要的外部活动,律所出台实施新的多赢政策,等等。其中,每个重要节点如周年庆、迁新址、开分所等,都是值得提前用心策划,作为品牌传播重点内容的。

做"荣誉传播"和律师动态信息传播，最容易出现的问题是文案只有简讯，没有深度文章，导致这些好素材没有得到充分的挖掘，更好地展示给目标人群。如果事先建立品牌传播线索通报机制，人员协调配合到位，认真挖掘，这类素材可以成为品牌宣传工作的日常亮点。

线下活动包括论坛、座谈、沙龙、研讨会、专题培训、直播、公益活动等，不但是日常品牌宣传工作的重要素材源，也是值得用心做好的事。活动传播应结合活动本身提前策划准备，在活动全周期都应该有必要的传播动作，帮助活动本身达成目的，同时进一步彰显品牌形象。

外观形象也是非常值得重视的。这类素材传播主要通过律所内装修装饰、系列图片、宣传片视频、一系列的VI形象、统一安排拍摄的律师形象照以及官方网站和自媒体设计风格等来体现。

视觉，是在文字之前能"抢先"进入大脑为大众所感知的，给人的感知和印象比文字等其他形式更加强烈，而且带有一定的主观色彩。而这种感觉或者说第一印象一旦形成，将在客户脑海中形成良好的品牌认知。所以，请专业摄影师、摄像师为律所拍摄专业上档次的图片与视频，请设计师做好VI形象，设计好官网和自媒体的基本风格，都有助于对目标人群形成更好的品牌印象。

再往下说就是专业理论文章传播。对于律所资深律师撰写的有见地、有实用价值的理论文章、干货文章，应定期搜集，不遗余力地通过官网、自媒体做好传播。

并非只有法律同行、TOB 企业客户才会看这些内容，一些 C 端潜在客户可能看不懂这些文章，但通过这些文章能大体感知到这位律师的理论专业。

再就是热点案件解读、一般性的普法解读等。这些内容往往是律所自媒体的主要组成部分。做这类传播需要提前确认：这个素材和自己的专业领域是否吻合？是否能带来品牌赋能？实践中，一些律师单纯为了"更多露脸儿"来者不拒，婚姻律师去谈普通刑事案件，结果在公众视野里造成了品牌形象的错位，不利于品牌形象塑造和获客。

另外，如果想通过这类内容获得更多的品牌美誉度和案源转化，第一时间发布、内容独家独到最为重要。新闻热点刚出，律师就第一时间做了法律解读，自然流量关注度高；当别人都在关注热点或法律问题时，虽然不是第一时间发声，但思考分析、观察视角独树一帜，想别人未想的，流量同样也会很高，甚至律师的思考力会赢得更多的赞许和认可。

"法律解读"类内容，只有坚持不懈，长期持续不断输出某个专业领域的内容，并做到专业、独家、独到，才能真正产生品牌营销力。一些律所运营一段时间后，认为以输出"法律解读"内容为主的律所自媒体"除了赚点流量没大用，根本形不成案源转化"，其实问题在于，一是内容不垂直，太分散且缺乏持续性；二是内容做不到独家、独到，同质化的内容吸引不了关注。

一些大中型律所，尝试以情景剧的形式进行视频类自媒体传播。笔者认为性价比不高，不值得推荐。

从人力等各方面成本上看，这类视频显然比图文类内容或一般的口播类短视频高出很多。但即便投入大，如果内容质量、拍摄效果不够好，仍然是事倍功半。

如果引入外部团队，聘请专业演员参演，效果可能有所保证，但这类内容本质上仍属于"法律解读"类的高级版，从品牌传播价值上看，和其他"法律解读"类内容相差无几，品牌增值不大，但成本高出 N 倍，显然是不划算的。

品牌传播需要统筹规划。每个新闻单位都有每周报选题制度，在大型企业的公关部，也都有类似制度。律所的品牌部，专业化程度也需要进一步提升，形成周选题制度和月选题制度。律所品牌宣传人员应提前搜集选题，通过开会确定下周的选题内容、每个选题的传播方式，并确定下一周的传播重点。确认后，应全力围绕重点选题展开，精心策划创作，并做好媒介传播。

对律所品牌人员而言，什么是好选题、好内容

"如何做好品牌传播＝如何写稿子，如何拍视频？"这是个误区！

这种理解不仅肤浅，而且是错误的。律所品牌人员不是新闻记者，也不是看见什么热闹就写什么的自媒体人，创作内容必须为品牌营销服务。

所以，好选题、好内容的标准是：不但内容新鲜及时，策划角度独特，有深度思考，有采写功力或视频制作水平，有好的流量，而且同时符合品牌营销需要，能实现品牌营销价值和目的。

在品牌传播逻辑体系内谈如何策划、原创内容制作，"品牌"是根基，写稿子也好，拍视频也罢，抑或是组织线下活动，都只是品牌传播的表现形式。如果没有建立品牌意识，写稿子、拍视频都是没有方向感的，效果差。

实践中，品牌文案人员容易出现三种错误：

第一种，只重视流量，不关心能引起高流量的内容是否能实现品牌价值。

在抖音上，个别年轻女律师专门挑涉性话题做"解读"；在微信公众号、头条号，有的律师热衷于讲和法律专业无关的"故事"。这样的内容虽然很"热"，但品牌效果往往是负面的。

第二种，只重视品牌价值，写"自嗨"文案，不考虑受众接受度。

这样的情况很普遍。明明是给大众看的内容，写的却像公文一般抽象，没有能打动人、吸引人的细节，甚至看后不知所云，只知道是一篇自我表扬稿。

还有一些品牌文案，内容过于夸张，自我标榜，让人感到又尴又傻，容易产生情绪上的逆反心理。

还有一些自媒体稿件，形式大于内容，自媒体版式精美讲究，但策划、文案却十分粗糙，如同用华丽的包装装了一盒难吃无比的食物。

第三种，盲目追求高流量，制订不切实际的KPI。

出现这种情况，多数是"老板"对自媒体缺乏基本了解。罗马不是一日建成的，品牌人员的能力水平需要不断在工作中提升，新号也需要一个成长期，揠苗助长的结果就是数据造假。一方面自媒体运营数据发生扭曲，对账号运营成长乃至品牌营销都有严重的负面影响。另一方面，当下，流量的精准性已经成为品牌传播的重中之重，品牌传播的有效性和转化效率，只取决于精准流量。不精准的泛流量不但没有多大意义，也会对数据监测、评估和后期转化形成决策干扰。如果品牌人员为了完成KPI，四处拉来各种泛流量，反而是得不偿失的。

如何策划出好选题，原创出好内容

在企业做市场品牌公关工作，首先得了解底层逻辑，理解传播与品牌、营销之间的逻辑关系。

其次，必须对律所有深入了解。它目前的营收状况、营收结构、专业倾向、综合实力、骨干人员情况、发展方向、市场品牌建设的预期目标，等等。

在市场品牌工作上，老板和员工最容易出现的矛盾点是员工不能理解老板的意图，或无法实现老板的意图。甚至可以说，一切的KPI都是虚的、可能是错位的。只有实现了老板的意图，才算是真正完成了KPI。

在这之下，讨论具体的策划选题、原创内容以及排版的经验技巧才有价值。

但是，真正的经验技巧，仍然不是写，不是拍。

首先，要清楚地知道，有哪些可以写的内容。

律所内部的信息要及时了解搜集，这是做好工作的基础。收集信息、确定重点选题后，品牌公关人员需要向相关律师做进一步深入了解。

在新闻行业有句话：好新闻不是写出来的，都是采出来的。这句话在市场品牌公关行业也适用。写律所品牌宣传深度稿，深入的采访了解至关重要。所谓的深度文章，不是华丽辞藻的堆砌，而是由大量丰富的细节组成。这些细节，如果不去深入了解，是得不到的。这里考验的不是"写作"的功力，而是采访、观察、发现、思考的功力。

有些人对自己的文笔没信心。其实能不能写出优质的文案内容，主要取决于能否挖掘到更多的生动细节，和文笔的关联度不大。文笔，在品牌公关稿件中仅仅起到"锦上添花"的作用。

如果是原创"法律解读"类自媒体内容，那么及时迅速、专业独到和传播想象力，则是优质内容和一般内容的分水岭。热点内容，如果不能第一时间作出解读，基本就失去受众关注度。

传播想象力非常重要。面对同一个法律事件，别人想到的都是常规化的解读角度，如果你的解读角度是别人想不到的，看后让人拍案叫绝，那么，就说明你的选题策划角度很成功。

原创新媒体内容，做好标题等于成功了一半。贴热点、抓细节、留悬念、写数字，都是做好标题的小技巧。而爆款标题往往还有一个字面上看不见但字里行间渗透着的特点：抓住了受众的情绪。

现实中，律所品牌宣传最容易出问题的是现场图片。高质量标准的图片，是画面有角度、有策划、有设计、有冲击力、有摄影上的专业性。

最后，需要注意的是，律所品牌宣传尤其是自媒体，不要出现涉及政治、民族、宗教等敏感话题。

第13章
如何架构品牌营销体系

打造大型品牌化律所，必须首先解决内部矛盾

国内一些大型律所品牌建设仍需完善。

大型律所的品牌部，一般与市场部、网销部相互独立，理应有能力担负起更多的品牌传播责任。

大型律所的"大"，不应该只是"体量大"，更应该是高端的"大"，位于头部的"大"。

除了一般性的品牌工作外，大型律所的品牌部应与法学院校、重要新闻机构、知名自媒体机构以及与品牌工作相关的其他单位建立沟通联系，储备资源，让这些机构单位能在合适的时机为律所造势。

大型律所人力充足，线下活动值得重视。一些大型律所会举办"大讲堂"，定期邀请法律界以及其他行业名流开讲，并允许所外人员听讲座，这一形式对打造大型律所的品牌调

性很有帮助。同时，大型律所也应该根据自身优势，策划打造常态化的大型论坛，形成特色和影响力。

大型律所的品牌部也应承担起文化建设的重任。如果说一般的品牌公关传播是对外的，文化建设则是一项主要对内的品牌传播。通过文化建设促进律所形成鲜明的律所文化，让律师对律所产生认同感和骄傲感，让律所的核心文化价值真正成为律师们的工作态度和生活方式。

近年来，一些大型律所在党建方面也下了不少功夫，得到了律协和一些领导人的充分肯定。

但在品牌建设过程中，一些大型律所矛盾重重，暗潮涌动。

这些都和大型律所的"合伙制"有关。大型律所，往往没有一个绝对权威、能用命令口吻指挥一切工作的"老大"。"合伙式民主"意味着由不同个体，因不同利益产生不同的看法，做出不同的考量。

据笔者所知，一些大型律所虽然体量很大，但是"富和尚穷庙"，每年的品牌传播预算并不见得比中型律所多，甚至比中型律所还要少。因为品牌部这种律所公共部门，经费本质上是律师们一起凑的，有些合伙人不愿意在品牌传播上过多投入。

从智联招聘企业端检索律所品牌、新媒体类岗位，可以看到很多大型律所的品牌岗位薪资低得可怜，某北京大型律所招聘新媒体运营人员，薪水只有 6000 至 8000 元。这样的薪资标准，根本不可能招到新媒体熟手，应聘者大多只能是没有工作经验的大学应届毕业生。

在一家大型律所，宣传谁不宣传谁，宣传谁几次，也是颇为微妙的。品牌部门负责人稍有考虑不周，麻烦就会找上门。

有些品牌部门和市场部门合一，便于案源转化。上了规模的律所，多年沉淀形成的业务团队、业务板块、人员山头和"老资格"，与品牌营销体系这种律所新生事物存在碰撞，如果部门设置不当，利益分配不调，工作人员遇事处置不当，会发生更多问题。

此外，律所内部的法律大 V 与律所品牌传播的协调配合问题应加以重视。多家律所表示法律大 V 的资源难以调动，律所也并不支持律师们开设自己的自媒体号。

这些问题，是大型律所普遍存在的品牌困境。

所以，大型律所的品牌建设不应盲目照搬其他品牌的模式，而要解决以上种种问题，核心在于从实际出发，充分考虑文化基因，"因地制宜"地制订品牌建设方案、进行部门设置、开展品牌工作。在大型律所做品牌，先把"人"的工作先做好、协调好，比一上来就做事更重要。

有人认为统一认识很重要，或认为需要强人的权威，笔者认为都不是。重要的是充分考虑人性，协调解决好利益问题。

如解决品牌部门业务水平不高这个问题。直接投入更充足的公共资金，招聘水平更高的业务人员，自然是解决问题的简单方式。但律所往往因合伙人意见不一，难以投入充足的公共资金。这时，将自媒体等品牌工作外包给专业的第三方代运营团队，可以在资金不充裕的情况下，获得更好的工作效果，得到更划算的投入产出比。

如律所自媒体和律师个人自媒体、律师大V的资源整合，律所应该首先考虑的不是如何让这些律师自媒体为我所用，而是如何和这些律师个人自媒体号进行资源置换。

比如，宣传律所的公关传播稿，可以要求律师在个人自媒体发布，作为交换，律所可以根据该自媒体号的支持力度，为律师提供一定数量的在所内自媒体曝光的机会。

这样一来，律所就可以形成从律所官方自媒体到律师个人自媒体的庞大矩阵，多层次进行品牌传播。

打造"吸引人才型"律所：
找准人才需求是关键

近年来，出现了多家成长迅猛的律所。这些律所此前人员寥寥、名不见经传，但短时间内迅速开疆扩土、租赁高端写字楼、引进人才，初具规模。与老牌大型律所相比，它们从规模、实力和综合品牌力上虽然略逊一筹，但不可小觑。

这些新兴律所，目标都是成为大型品牌化律所。短期内，它们均把人才引进当作核心任务和核心竞争力。于是，如何通过品牌传播手段吸引人才是这些律所都在研究的重点。

制订引进人才的品牌传播方案，首先"功夫在诗外"，要准确找到目标人才的真实需求。

青年律师或从公检法机关转型不久的律师，痛点是经验不足、缺乏案源；资深律师和拥有律所团队的知名律师，可能存在的痛点是管理能力欠缺、品牌力不足等。

越是优秀的律师，越不太在意提成比例、办公面积、职级高低。大家更看重的是律所整体运营机制，比如是否有外部案源开发、内部资源整合能力强弱，是否有令人期待且可实现的发展前景，是否有外部品牌力和凝聚内部的价值观。

如果不能满足律师这些核心需求，再高端的写字楼、再优越的办公环境，也是留不住人的。而如果这些需求都可以满足，那么可以进入下一个环节——通过线下活动和品牌传播，向目标人群传递出信息，形成吸引力。

很多以吸引人才为核心任务的律所都通过各种线下活动做引流。不过，值得注意的是，婚恋交友这些和律所核心价值无关的活动虽有一定价值，但不应成为主流。通过婚恋交友等活动被吸引的律师，很难体验到律所的核心价值，律所也很难在这样的活动中彰显核心价值。如今的大型律所和新兴律所，办公环境等硬件条件基本是"只有更好，没有不好"，律师走马观花难以留下深刻印象，也就难以吸引人才。

与解决律师痛点相关、能体现律所制度化优越性的活动，更值得策划组织。比如案源方面，律所有哪些思路？如何给律师赋能？律所的公共案源中心是如何运营的？比如法律产品方面，是否有研发的成熟产品？律所是如何理解法律产品这种"可复制项目"的，又是如何通过律师进行营销推广的？再比如管理团队、新类型案件的研讨、法律界以及其他各界大咖的讲座交流……哪家律所有本事拿出来这些解律师之渴的干货,哪家律所才能真正地吸引、留下人才。

组织策划活动与活动传播理应是融为一体的。以吸引律师人才入所为目的的传播,从微信公众号、视频号到微信群、朋友圈的微信生态私域传播,是最重要的传播途径。每次活动前,应在微信生态私域中进行活动预热;活动结束后应进行从简讯、深度报道、专访到图片、视频的全方位充分传播,以最大程度输出到目标人群当中。

另外,就是律所本身的品牌打造。在明确律师品牌的内涵后,如何讲好品牌故事,渗透品牌理念,形成能够让人认同并愿意遵守的价值观,非常重要。这考验的是律所品牌部品牌公关的真实能力。

品牌工作,既是向外的,也是向内的。一个善于在内部渗透品牌价值观的律所,价值观更容易被大家认同。在一家单位长久共事,如同娶妻成家,"三观合拍"才能长长久久。

以公共案源为核心的专业化律所：
只顾营销忽略品牌是误区

中等规模、主做 C 端用户的专业化律所，品牌建设和网络营销往往走在行业前沿。这和专业化律所本身的特点密切相关。专业化律所不但聚焦于拆迁、婚姻、交通、保险等特定领域，而且基本为新兴律所，通常配置业务精通、说话权威、可以统筹指挥全局的律师，按照企业模式组织律所架构。

组织结构上，设立市场部，下面有完备的网络推广团队、在线客服团队、谈案团队和办案律师团队，擅长网络营销，精通百度竞价推广，律所营收大多来自利用市场营销漏斗模型获客。但目前，品牌建设上的通病也是来自组织结构。

这些律所都非常重视百度竞价推广等网络营销获客模式，可以说，是百度竞价推广帮助这些律所从小到大、从无名到行业知名的转变。但也正因为这样，这些律所严重依赖百度竞价推广，往往不设立专门的品牌部，而是市场部吸纳了品牌部门的工作。

因为网络营销的基因过强,加之专业传播知识所限,这些律所往往分不清品牌与营销的性质区别,习惯用网络营销的思维套品牌传播工作,甚至会问"媒体发的这篇新闻稿流量是多少,获客怎么样",品牌建设的视野过于狭隘,手段较为单一。一些律所做网络营销出身,以百度竞价效果为骄傲,对品牌传播缺乏认知。

这些律所在品牌传播方面,虽网络营销建设成熟,重视自媒体,但人员能力与律所期望尚有差距,品牌传播体系不完备。如今,百度竞价已成红海,获客单价越来越高,不少律所陷入价格战。律所如果将预算主要投入到百度竞价,当获客的量级到达一定程度,有两个数据指标会报警:获客成本越来越高,转化率下降。

在市场蛋糕不变的情况下,如果大家都在追求业绩增长,那么竞价价格只会水涨船高,导致获客成本越来越高。

解决之道在于品牌传播。品牌传播可以让更广泛的人群对律所产生兴趣,产生认知,产生美誉。广泛的品牌美誉会驱使更多的潜在客户到百度上搜索品牌律所。也就是,品牌传播可以潜移默化地做大蛋糕。

比如，"××拆迁律师"通过一系列持续的品牌传播手段，形成了较高的品牌传播影响力，那么，在其他条件恒定的情况下，即使品牌律所在百度上保持原有出价，也可以获得更多的潜在客户。

可能有人会说，百度竞价这块是没多花钱，但我花了品牌传播的钱啊！其实，并不是这样的。如果把品牌传播影响力做起来，不但潜客率会上升，转化率也会随之提升。因为品牌传播提升了品牌美誉度，增强了律所在客户心目中的权威度和信任感。

这就是面向C端的专业化律所做品牌传播的价值。

主做 to B 业务的中型律所：
如何实现对精准人群的传播

to B 专业化律所包括知产所、专注于商事的律所等。律师普遍创收能力强，但有的律所市场部、品牌部一概没有！

在这些律所看来，有个高大上的官网，至多再有个微信公众号就行了。B 端客户是窄众人群，做新闻报道赚热闹没什么用，做抖音也如是，流量再高也罕有转化，另外，B 端客户的特点是决策人多，可能涉及企业老板、高管、法务等，决策周期长，不会像 C 端客户那样有突发需求，急于选择一位律师尽快完成委托，而是会冷静理性地货比三家。此外，人际情感因素很大程度上左右着决策。所以，没有必要做品牌传播。

尽管如此，这些律所仍然有必要做好品牌传播，就像是经济领域中各个行业的 to B 企业都在认真做品牌传播一样，比如淘宝，品牌公关是公认的"第一号"。

只不过，做面向B端的品牌传播，需要的是精准传播。新闻媒体和外部自媒体传播应重视客户所在的行业媒体与自媒体。在这些地方发布的内容很容易得到客户的关注与认可。

微信私域传播适合这些律所。微信公众号和视频号作为内容源，朋友圈、微信群作为媒介渠道，可以精准触达目标人群。多数律所都有自己的微信公众号，但多数没有建设精准私域池，没有形成利用微信私域精准触达目标人群的工作机制，也没有专门进行微信私域运营的工作人员。

除了微信公众号，也可以利用抖音、头条号这两个流量精准分发能力最强的自媒体平台。目前，这两个平台对稀缺垂类内容有较大的流量支持，知产、商事等面向B端的法律内容在这两个平台上还很少，抓住机会发力可以吃到较多红利。

一些B端客户遇到法律需求，也有可能会在百度检索查询。百度收录好的百度百科、百家号、网易号、搜狐号以及知乎，值得将其作为微信公众号、抖音、头条号之外的自媒体矩阵补充，让潜在客户可以在检索时看到律所相应的内容。

从抖音等自媒体获取的流量，以及通过组织线下活动取得的人际资源，应通过一定的方式将流量沉淀到个人微信号，作为微信私域流量池，配合微信公众号文章和视频号内容，对目标人群做精准触达。

竞价推广和 SEO，对律所来说，性价比不高，但以百度收录为目的的软文传播，也值得尝试。

为了实现内容最大程度的精准有效性，律所应该对客户进行研究细分。B 端客户，分为决策者和对接执行者。前者关心实力、关心结果、关心是否能解决问题，不太关心执行细节。对这些人，宏观内容是他们更关注的。后者更关注具体细节，关注律所能否为他节省时间精力，更关注能否"邀功"。对这些人，具体实操的内容、干货类分享以及给甲方带来荣誉的优质案例，是他们想看的。

针对特定人群做细致的内容策划，用精准而优质的内容，配合精准的媒介渠道进行分发，相信这些品牌传播手段会给律所带来惊喜。

小律所与律师团队：
不要离开预算空谈品牌建设

小规模律所以及律师团队，应该如何做品牌传播？

小律所和律师团队负责人咨询品牌宣传问题的占比最多。他们有通过品牌营销改变案源结构的强烈需求，但又缺乏品牌传播经验。

小律所或律师团队，自身组织结构不健全，一般都没有专职品牌人员，也很难招聘到优质的品牌人员，适合通过第三方服务的形式获得品牌传播支持。

小律所做品牌宣传，建议先想好预算，提前了解一下市场行情，做到心中有数，再筹划做事。根据律所的营收规模，合理制订品牌营销的预算规模。如果预算有限，就不要搭建品牌传播体系，而应从实际出发，根据自身优势和特点抓住品牌传播几个关键点就可以了。

这些团队应该用"最小可行性"思维去看待品牌传播，

比如拍抖音视频。口播普法内容成本低，情景剧成本高，律所可以先尝试口播，之后再调整为重度运营方案。与其畅想一个无法实现的品牌传播计划，不如赶紧先把"一"真正做起来，然后根据效果和收获，不断增补，徐徐图之。

在企业品牌传播实践中，初创企业最需要做的不是大而全，而是"CEO 传播"，围绕企业一把手集中火力做好就可以。于初创企业来说，企业品牌形象约等于企业"老大"的形象，而个人 IP 更鲜活，更有人情味儿，容易形成情感共鸣，打造起来也更容易。同理，小律所和律师团队，品牌建设也应该围绕负责人展开，通过负责人的个人 IP 化建设，带动团队的品牌建设。

打造个人 IP，应借助新闻媒体的传播力量，针对热点法律事件和有爆款新闻潜质的事件、案件接受采访，提高个人知名度。现实中不少小律所主任就是通过结交大量媒体记者朋友，从而让自己迅速成名。

自媒体运营，实践中看，是非常有效的、适合小律所和律师团队的品牌传播手段。负责人的自媒体账号如果做成了大 V 账号，就等同于团队实现了品牌影响力。抖音、有私域加持的微信公众号，是最值得运营自媒体的类型。现实中很多网感好的律师，可以迅速感悟到新媒体的奥秘，无师自通成为大V。如果团队里没有这样的人才，时间精力也非常有限，可以聘请第三方专业公司代运营。

另外，百度收录优势明显的软文传播，也是小团队做品牌传播的有效手段。

三线以下城市律所：用好品牌传播的"地域红利"

不少三线以下城市的律所，对品牌建设怀有悲观情绪，认为北上广大所已经形成强大的品牌势能和天然的地域优势，本地客户在感知上，就觉得"北京的律师就是专业""外来的和尚好念经"；省会城市的律所似乎比三线以下城市的律所好。

比起大城市的律所，三线以下城市的律所，会在很多地方吃亏。但实际上，这些律所并非在品牌建设上无法作为，如果用心，完全可以走出一条属于自己的品牌营销路径，吃到蓝海红利。比如百度竞价推广，目前在不少三线以下城市还处于红利期，很多核心关键词目前竞争仍不激烈，ROI仍然处于高位阶段。比如SEO，目前竞争同样不激烈，排名做到前列相对容易。如果觉得SEO成本高，也可以做以百度收录为目的的软文传播，可以实现类似于百度收录的效果，但成本比SEO低很多。

自媒体运营更值得三线以下城市的律所有针对性的铺

开。仔细观察就会发现，老一代的法律自媒体大V集中在北京等少数大城市，但新一代的法律大V已经遍地开花，不但有不少年轻人，而且来自三线以下的城市。

尽管有先行者，但三线以下城市的律所自媒体品牌矩阵建设整体上还处于早期阶段，整体实力不强，从内容到转化的内容营销体系和团队还没有建设或很不成熟。

尤其值得注意的是，抖音、头条号具有强大的精准分发能力。多年前，头条号就可以将文中有某某县字样的优质稿件精准分发给该县公众，并有大量实践案例。某公司代运营的律所头条号，自媒体稿件多次进入头条某地热榜，形成在当地巨大的品牌传播影响力。

小城市更是熟人社会，微信公众号、视频结合朋友圈、微信群的私域传播，价值凸显。通过百度知道、地方论坛等途径做口碑营销，也是很好的品牌传播手段。

目前，三线以下城市的律所不缺玩得转自媒体的年轻律师，缺的是对品牌体系化的深入理解。一些来自三线以下城市律所的法律自媒体，虽然已经是大号，但空有流量而缺乏品牌意识，没有实现流量为品牌服务的根本目标，流量更是缺乏转化手段。一旦这些年轻律师通过各种途径提升了品牌认知，发展将大有作为。

在整体的品牌建设上，三线以下城市律所面临预算有限的困难。如果不缺人，只缺钱，可以先做不花钱的品牌建设，比如自力更生做好自媒体运营，以及只需要花小钱的品牌建设，比如以百度收录为目的的软文传播和针对当地的口碑营销。

三线以下城市，除了预算资金，也面临着专业人才有限的困境。在互联网环境下，律所仍然可以通过聘请专业第三方品牌营销公司的方式弥补人才短板。品牌营销公司、公关公司，对甲方本身提供的就不是面对面服务，在社交网络高度发达的今天，跨省的品牌营销服务是完全可行的。

合并后的新所：品牌如何锻造升级

律所的品牌升级需要契机。收购律所、律所合并、成立地方分所，这些都是重要的品牌升级节点。

首先是制度建设、组织结构搭建、设定口号目标等，这些是品牌建设的起点。其中，搭建全新的组织结构、根据律所实际情况，构建品牌营销相关部门，是最重要的基础性工作。

新设律所历史的包袱小，借着一切都是全新之时，将品牌传播营销体系构建好，组织结构搭建好，将给未来减少很多麻烦，品牌营销之路将更加平坦顺畅。

新律所的领导者往往雄心壮志、信心百倍，恨不得一下子就把事业搞得红红火火。在这个关键时刻，核心人员达成共识，为市场品牌营销部门争取到尽量多的预算，是一项重要工作。

在资金充足的情况下，聘请优质的市场人才、品牌人才和营销人才，尤其是领头人，是部门建设的重要工作。

前期工作准备完毕，品牌升级需要一个起爆点，这就是新闻发布会。新律所成立是个重要的时间节点，具有很大的品牌传播价值，通过新闻发布会全方位、最大程度地进行品牌曝光，在新闻媒体中建立品牌形象是极为必要的。

法律行业重要媒体、知名市场化媒体、知名法律自媒体、主要网络媒体以及主要自媒体平台，都应该是邀约对象。

重要的行业媒体包括《法治日报》等，国内知名市场化媒体包括澎湃新闻、红星新闻、新京报、中国青年报、财经杂志等，网络媒体包括人民网、新华网、中国经济网等，以及其他平时关系好的兄弟媒体单位和对发布会感兴趣的其他新闻媒体。

邀请媒体参加新闻发布会，发稿只是一方面，让核心主流媒体的记者对律所有直接的真切感知更重要。

很多律师的成名，并非单纯依靠媒体的"报道"，他们更是先在媒体人圈子里"成名了"，然后才是借助媒体的传播力在公众视野里"成名"，律所也一样。

以某大型头部律所为例，在微信群刚刚兴起不久，这家律所就建起了媒体互动群。国内数百名知名媒体记者都在群中。这个媒体群应该是第一个不是由媒体人搭建、组织的媒体互动群。

在微信红包产品刚诞生时，这家律所就开始利用各个节日节点，频频下"红包雨"，让微信群里人员喜笑颜开、气氛活跃。一个群红包数量不过百八十块，每个人抢到的不过几块钱，但大家图的是新鲜好玩。你争我抢之间，大大增进了媒体人与这家"豪气"新律所的感情。

同时，这家律所还多次组织针对媒体人的线下大型活动。通过线上线下的一系列手段，这家律所迅速在国内知名媒体中建立了良好的品牌形象。针对律所的报道、律所案件的报道、请这家律所的律师做热点法律解读……各种类型的媒体报道纷至沓来。这些媒体报道迅速让这家律所在公众中"出名"，形成了完整的品牌塑造。

这家律所的一系列的品牌动作，值得其他律所学习研究，举一反三。

进入日常工作阶段后，这些新所该做的事情还有很多。

这类律所，重组后一般都有较大的规模。如传统大所的品牌建设一样，重组不能仅仅是"人多了面积大了"，更应该形成品牌的巨大增量，建设出高端的品牌形象。具体的品牌手段，可以参考传统大所进行。

新所，不应该是表面的新，也不应该仅仅是"1＋1＝2"的规模增量。而应该是以此为契机，告别老旧传统，以较低的协商成本从头建设起一家符合移动互联网时代对律师行业要求的全新律所。这才是"新"该有的价值。

律所舆情处置与危机公关

移动互联网时代来临后,自媒体平台越来越多,"新媒体"不再"新",越来越多的人对自媒体驾轻就熟。即便没有自媒体号,发个朋友圈有时候就能让某个事件全国皆知。

近年来,无论是律所与当事人之间的委托纠纷,还是律师个人引发的各类舆情,频频登上热搜热榜,给律所带来严重的品牌伤害,但目前,国内律所在舆情管理方面还严重缺乏专门人才,更严重缺少专业化的工作手段。随着律所规模的扩大,舆情管理成为越来越多的律所需要高度关注的领域,也是品牌建设架构中不可缺少的组成部分。

首先,律所应该充分意识到,舆情管理责任的第一承担者是律所,而不应简单地让律师管好自己,让律师"自己处理好自己的事"。作为律师个人,缺乏专业能力、专业资源和足够的时间精力处置好舆情。而律所与律师,是一荣俱荣一损俱损的关系,律所应建立起舆情处置日常机制,在关键时刻,勇于承担起危机公关重任。

舆情管理可以分为舆情监控、舆情处置和舆情防控培训。

对于一定规模以上的企业，舆情监控都是品牌公关部门的一项基本工作，舆情监控一般会以舆情监控软件为主进行，辅之以对百度、微博、抖音等重要自媒体的日常人工监测。对大中型律所来说，安排品牌公关部开展这项基础性工作非常有必要。有了专人专项的舆情监控，才能保证发生舆情后，律所能够第一时间知晓，第一时间决策处置，避免负面影响扩大。

舆情监控必须是日常持续性的。在企业界，舆情监控不但要日常常态化进行，而且多数是 7×24 小时不间断的。监控到的舆情需要进行分级，并由此形成舆情汇报制度。对于重大紧急的舆情，相关人员必须第一时间逐级报告，第一时间决策处置。

在舆情处置方面，需要把握几个原则：

第一时间原则。律所要想将舆情控制在一定范围内，并迅速将舆情熄灭，必须要争取在第一时间响应，用最短的时间、最快的速度控制事态发展。

扎实求真原则。舆情发生后，品牌公关人员容易犯的一项错误，是在尚未查清事实的情况下，即从保护律所利益角度出发，信口对外界发声。与事实真相不符的言论，一方面极易进一步激化舆情相对方的情绪，让事态更加难以控制，另一方面也会在媒体和公众面前颜面尽失，引发二次舆情，让品牌形象受到二次伤害。发生舆情后，相关人员应该以最快速度查清事实真相，同时拿到可以证实事实真相的全部证据（这一点非常重要，但也非常容易被忽略），之后根据事实真相，决策如何发声并采取行动。

换位思考原则。舆情发生后，品牌公关人员最容易犯的错误，是不能从舆情相对方的角度出发，设身处地站在对方的立场想问题，而是完全从律所、律师自身利益角度看待问题，处置舆情。

要知道，舆情处置、危机公关，本质上是一项公关传播工作，公关传播是必须考虑人情、人性的。处置舆情，是要让舆情相对方和公众相信、认可、接受，而不是自说自话。"只讲理但忘情"的做法，不但会让舆情相对方难以认可，更可能会激发媒体和公众的反感，让舆情愈演愈烈，陷入无法挽回的危局。比如当事人对律师的工作不满意，来所里吵闹。可能从双方签订的委托合同和律师的具体工作上看，律师、律所都是无可厚非的。但律所应充分考虑当事人的情绪和心理，接待人员要保持冷静，耐心听取、记录当事人的意见，不要急于争辩或推脱责任，并应尽力安抚当事人的情绪。即便经过核查可以完全排除律所方面的过错，也应采取当事人可以接受的态度和方式，进行耐心、真诚的沟通。有时候当事人只是情绪无从发泄，这时律所的态度和人道主义关怀非常重要。情感方面做到位了，非常有利于化解当事人的委托纠纷类舆情。

简明易懂原则。如果需要对外发声，切忌不能晦涩冗长。实践中，有的律所为了辩白，会长篇大论写几页声明，其中还充满了公众难以看懂的法言法语和所谓的"严谨表述"，这种做法难以达到危机公关目的。发布声明是为了让外界知晓真相，而知晓真相的前提是"看懂"。如果不从受众角度出发，不能把核心要点用简明扼要的语句说明，而是长篇大论，"把肉埋在饭里"，让受众看不懂，甚至产生误解，则完全失去了发声的效果。

律所、律师可能还会遇到网上的造谣、诽谤，以及不属实、添油加醋的名誉攻击。如果经过核查，内容确有失实之处，律所可以通过自媒体平台投诉要求消除不实信息。对于严重失实、造成严重名誉损害的不实信息，律所也可以投诉到自媒体平台，申请封号处理。实践中，如果律所具备丰富的沟通经验，是能够非常快速有效处置不实舆情，并借助平台的力量实现对造谣者的惩治的。

此外，全员的舆情培训也非常重要。无论是律所还是其他行业企业，舆情极少由品牌公关部门引发，绝大多数由普通业务人员引发。普通业务人员如果缺乏基本的舆情应对经验，很容易犯错，导致舆情负面影响扩大。重视品牌的律所，有必要定期聘请专业公关公司为全员进行舆情防控培训，以提高日常的舆情应对能力，防患于未然。

第14章
应该如何选人用人，实现品牌建设的高性价比

律所招聘品牌人员，应重点考察哪些能力素质

如今，几乎家家律所都在运营自媒体。招聘网站上，招聘新媒体运营的律所信息铺天盖地。一名优秀的法律自媒体运营者应该具备哪些素质和能力？很多律所缺乏基本认知。要么看重的素质与工作所需"文不对题"，要么"捡便宜的来"。

一名优秀的法律新媒体运营者，应该是"法律＋传播"的复合型人才。

法律素质方面，以通过司法考试者为佳，至少也要是全日制法学本科出身。传播行业重天分，重实践中的领悟力，专业门槛不高。因此法律新媒体运营人员是不是具有传播类专业背景不重要；而法律行业是高门槛，如果不是科班出身，没有经过对法律的系统学习，法律自媒体的专业度、策划力和深度思考是无法实现的。

传播方面，核心能力包括对不同自媒体平台的理解把握

能力、数据分析能力、选题策划能力、内容创作能力、法律加传播的综合专业能力以及平台资源。

平台理解把握能力是指是否对一个自媒体平台有长期观察和分析，是否深入理解其内在机制并将这种理解应用于实际。比如头条号和抖音的精准分发，在算法上有何差异？在个人微信号和微信群的私域矩阵之下，微信公众号的价值和运营重点是什么？视频号的存在价值是什么？再比如，抖音的粉丝权重降了并开始发力私域传播，就此该如何调整运营策略？微信公众号向信息流悄然转型的速度更快了，导致某些公众号阅读量越来越低，该如何解决？

数据分析能力是各项能力中极其重要的一项能力。对平台的理解属于宏观把握，落实到目标、IP和内容千差万别的具体账号上，运营者必须在正确的宏观大方向上不断试错、微调，最终实现最佳效果。在这个过程中，发现问题和分析解读能力至关重要。这是判断一个人是不是优秀法律自媒体运营者的重要标准。

选题策划能力和内容创作能力，既取决于传播策划能力，也取决于一个人是否有法律专业背景。

最后是在各个自媒体平台的人际资源。

理想很丰满，现实太骨感。由于国内律所能给品牌传播岗人员开出的薪资有限，目前，"法律＋传播"复合型人才在律所行业高度稀缺。如果法律专业素养和传播经验只能二选一，怎么选？

笔者认为应该优选法律专业素养。因为法律专业素养是需要系统学习的，而传播能力，即使没有学科专业背景，也可以凭天赋很快摸索上道，当然，前提是律所有至少一个熟手能传帮带。

但遗憾的是，实践中绝大多数律所的第一选择是没有法律专业素养的新媒体熟手。这些新媒体运营人员由于没有法律专业背景，很快会到能力天花板，一些瓶颈自身无法突破。

在各项新媒体运营能力中，如果不能"求全"，应该怎么选？绝大多数律所会选择文笔良好、善于做自媒体版面的员工。这就导致了很多律所自媒体版式很美，文字很飘逸，但流量极低，在内行看来明显缺乏策划能力和对新媒体的了解把握。

实际上，从新媒体运营能力维度，律所应选择的是对新媒体有领悟、善于通过数据分析发现问题并解决问题的人。只有这样的人才能让律所自媒体迅速找到新时代下的流量密码。

律所市场品牌人才现状：
薪资标准低，难吸引高水平人才

随着行业的发展，几乎所有略具规模的律所都开始重视品牌和市场营销，并为此建设独立的市场部门和品牌部门。但从现状看，律所的市场部门和品牌部门，整体薪资水平不高，律所投入预算有限，人员的职业发展天花板偏低，很难从其他行业吸引到高水平人才。

为了充分了解律所行业品牌公关人员现状，笔者通过某知名招聘网站的企业版进行数据调查分析。将从事职业选择为"市场/品牌推广、公关媒介、新媒体运营"，职位锁定为"市场、品牌、公关、新媒体运营"，公司选择"律师事务所"，检索结果显示，曾在律师事务所就职或仍在职的人有3755名。

其中，近八成人员年龄在35岁以下。30岁至34岁和26岁至29岁两个年龄段人数最多，分别占到33.5%和27.2%。

相对于律所对执业律师的精英化追求趋势，律所对市场品牌人员的学历要求实在不算高。3755人中，非全日制大学学历以及全日制大专及以下学历者，占到总人数的39.9%。

从专业背景来看，高达89.7%的从业人员既没有新闻传播类专业背景，也没有法学专业背景。剩余人员中，新闻、传媒、编导等专业出身的278人，只有3人是法制新闻专业。法学专业出身的107人，仅占总人数的2.8%。而在这3755人当中，只有8人通过了司法考试。

进一步调查发现，律所之所以难觅优秀的市场品牌人员，薪资待遇不高是关键。如上文提到的107名法学专业背景的人才，其中有5位同时拥有法律类、传播营销类专业学历的复合型人才，且均为硕士文凭，2人还有海外留学背景。但即便如此稀缺，他们在律所做市场品牌类工作时，3个人的月薪仅为8000元至1.5万元，另外2人月薪在1.5万元至2.5万元之间。

笔者进一步调研发现，在律所做市场品牌工作，2.5万元至3.5万元已是高薪。3755人中有1238人可了解到薪资信息，其中只有176人能拿到2.5万元至3.5万元的月薪，仅占总人数的14%。月薪在1万元以下的有314人，占到总人数的25%。而这些在统计范围内的律所市场品牌人员，多数来自北上广深一线城市。

接着，笔者又通过该招聘网站企业端，对北京的律所正在招聘专职新媒体运营人员的情况进行了检索和数据分析。从中发现，律所招聘新媒体运营普通执行岗，薪资区间普遍在 8000 元至 1.5 万元；新媒体总监岗，薪资区间在 1.5 万元至 2.5 万元。

薪资低导致律所难以招聘到高水平人才。市场品牌部门要招到能够撰写深度法律文章和深度品牌公关稿件的人才，要招到有能力为律所提供品牌营销建设的宏观思路并策划执行的高水平人才，律所必诚"薪"招人。

请第三方来代运营，是个好选择吗？

法律自媒体号有必要聘请外部专业团队代运营吗？无论是律所还是律师团队，是否值得聘请外部团队代运营，应该从以下几个层面对自身做个分析，再判断是否适合。

首先是预算资金。

很多律师没有这个意识。和外部专业团队洽谈时，一上来就是法律理想、团队实力等，却不和对方谈钱，也没认真想过请外部团队可能要花多少钱。笔者建议，如果有聘请第三方服务团队的考虑，一定要提前对预算资金有个大体规划。

其次是心理预期。

有的律所对新媒体的预期只是"有"就行，不要求"好"，更不要求实现品牌营销效果。那么，雇几个专职的新媒体运营人员就够了。有的律所，预算资金较为充足，对新媒体有较高的预期，希望能够做出品牌影响力，实现品牌营销效果，这样的律所要认真考虑聘用专业第三方代运营团队。

有的律所，希望新媒体运营人员是"身边人"，遇上事能随时交流。这样的律所如果对新媒体诉求不高，招聘几个一般专职人员就可以了；如果对新媒体有比较高的期望，可以在有少量专职人员的同时聘请专业第三方团队代运营，让专职人员作为与专业第三方团队沟通的桥梁。

如果律所对新媒体有较高期望且有较为充足的资金支持，建议聘请专业第三方代运营团队。客观地说，以目前国内律所能提供的薪资水平，对优秀人才尚缺乏吸引力。而专业第三方代运营团队由于有规模经济效应，通过原创内容运营某个自媒体账号的人工成本并不比聘用一个专职人员高多少。但从结果看，有更专业的第三方代运营团队来专办，运营效果要好上不少，从投入产出比考虑更划算。

尤其是对于那些有在自媒体端迅速提升强烈需求的律所，或总感觉自媒体长期处于"没少花力气但效果不好"状态的律所，值得聘请专业第三方代运营团队为自己提供服务。

但一定要注意，要使用"专业"的新媒体代运营团队。

专业的代运营团队，不是把新媒体运营"消费降级"成只负责拍摄加剪辑的视频公司，也不是以调微信公众号版式为主的代运营，那些都是"表"，而不是"里"。

传播专业与其他领域专业的最大不同之处在于，它的专业度是相对隐性的。新闻记者写的稿子，其实不是"文章"，而是新闻。干新闻的技术含量在于选题能力、采访能力等，不是"写"。在企业做品牌公关，技术含量在于品牌意识、策划能力、媒介资源以及沟通能力等，"写"也只是外部表现形式。新媒体运营也一样。它的核心技术含量在于"运营"，而不是"写写拍拍"。

法律新媒体运营人员最难具备的，就是"法律＋传播"的复合能力。只有一小部分代运营公司的运营人员是通过法考、具备法律传播经验的复合型人才，而这些人市场上非常稀缺，都是从通过法考的法学毕业生中自行培养出来的。

最后是平台资源。

是否与各家平台的法律运营部门都有密切联系，是否能够第一时间了解平台规则变化和其他动态信息，从运营实践中看，效果差别巨大。这也是一个代运营团队是否足够专业的标志之一。

值得注意的是，单纯的"便宜"，绝非聘请专业代运营团队的考虑维度。

如果资金有限，应该做的是降低运营效果预期，招聘专职人员自行摸索。因为在能力水平同等甚至外部人员水平更弱的情况下，用"外人"就显得不划算了。与其用"便宜"而不够专业的外部团队，还不如直接招聘一个薪资要求低但有志于从事法律新媒体事业的年轻人。

市场上，一些不专业的第三方公司把代运营降维成了"写写拍拍排版面"服务，把代运营做成了价格战。作为甲方，应该清醒地判断，外部团队是否足以担当起"外脑"作用？如果担当不起，再低的服务费也是无效支出。

实践中，一些律师团队、律师个人，也会萌生聘请代运营的需求，但一时考虑不清是否应该聘请、值得聘请。笔者建议是：首先应该考虑清楚的是预算资金，如果承受每月1万元的服务费用感到吃力，最好还是先尝试自己做新媒体运营，待条件成熟后再考虑聘请代运营。如果感到自己的新媒体能力不够，可以通过看专业培训课程等方式进行自我学习提升。优质的法律新媒体培训课程都是付费课程，但显然比代运营服务要省钱。

一些律师苦于案源有限，试图把新媒体运营当个"宝"去押注，这种想法是不可取的。作为律师，业务能力永远是第一位的，新媒体也好，其他品牌营销手段也好，只是帮助律师直接或间接获客，但如果业务能力不到位，案源来了也接不住。

很多时候，是否聘请第三方服务团队，律所合伙人之间无法达成一致，且难以互相说服。在这里，介绍一个可量化计算方式：将自媒体号的最近三个月的总流量设为 A，将运营人员运营该自媒体的人员薪资成本设为 B，即——

千人阅读成本（每1000个流量）＝B/A×1000

在通过统计和计算，得到现有的千人阅读成本后，律所可以根据第三方团队承诺的 KPI 以及给出的报价，算出第三方团队可以实现的千人阅读成本。两个数据相对比，哪个性价比更高就一目了然了。

在确定了性价比这个最重要的决定因素后，律所可以根据实际需求综合考虑其他因素迅速做出决策。

第15章
展望：移动互联网终将彻底改变律师业态

当今的律师行业，早已悄然形成新业态

第15章 展望：移动互联网终将彻底改变律师业态

自移动互联网时代来临，零售、金融理财、教育、新闻媒体、餐饮、交通……每个传统行业，先先后后都被"虐"了一遍。有人说，永远也轮不到律师行业。因为律师行业的熟人获客模式是永远也无法被取代的。

律师行业永远无法被迭代吗？还真不是。"互联网＋法律"喊了十多年了，为什么都不那么成功？笔者认为，这是因为那些创始人总有一种理想主义情怀，把"砸烂一个旧世界，迎接一个新世界"作为产品目标。

诚然，蒸汽机问世后，世界上有了火车，马车从此被淘汰。计算机时代，算盘从此没入尘埃。但移动互联网带来的信息化革命，有其不同的特点。电商挤压了商场，但商场仍然活着；滴滴改变了打车方式，但出租车公司还在。不是我出现了，你就得死。而是以新入旧，融为一体，让每个行业产生新业态。

这些年，已经没什么人在高喊"互联网+法律"了。但传统的律师行业已经悄无声息地变革了。移动互联网带来品牌营销模式的改变。网络广告投放、自媒体获客、私域运营获客等，这些新玩法，都是移动互联网带来的。而这些新玩法的顶层逻辑，就是品牌。所以品牌建设势在必行。

营销模式的巨大变化，倒逼律师必须做出公司化改革。因为得成立市场部、网销部、品牌部，要有专门的团队干这些事，指望执业律师干这些是不行的。钱从哪儿出，公共案源的提成怎么算？老旧的合伙人制度之下，大家各自打着小算盘的"低质量民主"已经不适应新形势了，"管委会"应运而生。

随着越来越多的人意识到品牌的重要性，越来越多的律所开始往"商场模式"发展。一些大所建立了公共团队，市场、品牌、客服、谈案、行政、人力等一应俱全，越来越像一家公司。

每个律师都是一个入驻的"商家"。您认同这商场的品牌，觉得客源又多质量还高，那就赶紧入驻吧。按面积按位置，也按照实力，"进场费"都不一样。于是，品牌的价值在律师行业进一步提升。

那么多"商家"都进来，总不能都是服装店，都是快餐店，都去买奶茶吧？法律服务领域的部门化、专业化随之全面展开。

发展到今天，熟人获客模式还在，但已经早不是当年的"熟人获客"模式了。

律师可以通过移动互联网接触到更多的潜在客户，然后通过自媒体等各种传播手段不断去触达对方，让"生人"在这个触达的过程逐渐变"熟"人，之后"熟人获客"；纯粹熟人介绍的律师，当事人也会在网上全面查询这位律师的情况，而律师、律所此前做的各种品牌营销此刻都派上了用场。

有人说，网络获客只能获取特定类型的案源，主要是小案源。这仍然是一种将网络获客与熟人获客割裂、对立的非黑即白的认知。仅举一个反例：有的律所，通过长期的线上线下品牌活动，针对法律业内人员进行品牌输出，使其对该律所的专业能力产生高度认同，继而遇到相应专业领域的案件，主动介绍到该所。这究竟属于熟人获客，还是网络获客？

如果从品牌概念一直往下延伸，把各个元素串起来作为一个整体考察会发现，今日的律师行业，早就不是"当年的它"。行业早就变了。只不过有些人把信息流广告看作信息流广告,把自媒体看作自媒体,没有想到所有新元素的集合与老元素的融合,就是今日的律师行业新业态。

而一些人,仍然埋头斗室,对外界的变化浑然不知。在行业的高速发展过程中,这样的律师和律所,很可能最终为时代所淘汰。很多律所认为,品牌也好,营销也好,这些都是市场品牌负责人以及第三方服务商的事,律师不需要懂。

这种想法遍布诸多律所,但它们没有意识到,移动互联网时代以及 5G 时代,移动互联网、新媒体,不仅仅是个具体业务,更是各个行业新业态的底层逻辑。以前,$1+1=2$;现在,加法的逻辑是 $1+1=3$。如果还用以前的逻辑去思考去运算,去决策指挥,显然都会是错的。

5G 时代：行业将迎来更激烈变革，谁能弯道超车

5G 时代，一直说要来，一直还没来。但早晚要来。

5G 是什么？曾经有专业人士打过一个比方：如果 4G 是单向四车道的北京四环路，那 5G 就是 400 条四环路并列的车道宽度。

VR、AR 发展的瓶颈之一就是硬件问题，5G 环境必将让虚拟现实技术有飞跃式发展，使产品飞入千家万户。

虽然现在已经有 5G 手机，但这和 5G 时代完全不是一回事。只有当 5G 手机的普及率超过一个阈值，针对 5G 的软硬件开发才会有井喷式发展，当这些软硬件像 4G 时代的抖音、微信一样全民化了，那 5G 时代才真正到来。

那时候，我们还用微信聊天吗，还继续刷抖音吗？

说实话，不知道。但我们相信，5G 时代一定会带来信

息传递方式的全新变革，一切都会再变。而这，也必将给律师行业带来更加深刻的变革。

改革变化，看似是个褒义词，但其实，没人喜欢变。

35岁以上的人，无论身处哪个行业，内心普遍拒绝学习新鲜事物。

但对那些面对巨变能够耐下性子、放下面子、不怕苦累、认真学习研究实践的人来说，是一个前所未有的弯道超车机会！

如果没有时代大变革，年轻人与老人之间可能永远是火车头与火车尾的距离。而变量出现后，行业将重新洗牌。

人都有惰性。笔者预判，35岁以上的律师及其领导下的律所，终将面临时代的分化。

一个看着最坏的时代，有可能也是一个充满机会的最好时代。

希望本书能成为渴望弯道超车者的动力所在。

与诸君共勉。